비서직 진출준비와
면접 실무

Preface

비서직 이해와 면접훈련교재

본 서는 비서직으로 진출하려는 학생들과 또한 이들을 교육하는 비서교육자를 위한 책이다. 본 책은 TBL(Team based Learning)을 기초로 한 수업방식으로, 비서학 전공자들에게 비서직 진출에 대한 이해 및 면접 준비, 포트폴리오 작성에 대한 내용을 기술하고 있다.

점차 취업의 문이 높아지면서 부터, 아무리 비서학 전공자라 할 지라도 비서직으로 진출할 준비와 면접준비가 되어 있지 않으면, 결국 비서직으로 나아갈 수 없다. 비서직으로 진출을 원하는 학생들은 비서학 전공을 충실히 교육 받은 후, 자신의 능력과 기술을 잘 정리하여 객관적인 자료로 만드는 작업이 절대적으로 필요하다. 따라서 비서직으로 진출하기 위해서는 최상의 포트폴리오 작성 및 취업준비를 위한 서류 작성 및 면접연습을 할 필요가 있다.

본 교재는 비서학 및 비서실무의 기본이론을 습득한 후, 비서직 진출을 위한 준비 교재로, 1) 비서직의 이해 2) 비서직 진출과 면접훈련 3) 비서직 진출 후 업무적응 프로세스 4) 미래의 비서경력개발 등 비서직의 전과정을 자연스럽게 이어질 수 있도록 했다. 또한 교육자 입장에서는 팀활동 및 개별활동이 가능하도록 구성하였으며, 간단한 팀활동을 위한 설명 및 포트폴리오 제작에 대한 설명을 기술하였다. 이 책은 역시 핵심이론 정리와 사례연구로 이루어져 있으며, 바로 실습을 하고 확인할 수 있도록 구성되어있다. 본 서를 통해 자신있게 비서직 진출에 성공하여 유능한 비서 및 사무관리자가 되기를 바란다.

2022년 1월

저자 정 성휘

Contents

실습훈련을 위한
준비

Chapter 01

01

TBL(Team Based Learning)과 팀 활동

TBL(Team Based Learning)과 팀 활동

01
TBL과 팀 활동

학습목표

팀기반 학습(Team Based Learning)을 통한 팀 활동의 의미를 이해하고 실습을 위한 팀 형성과 팀 파일, 회의록을 준비한다.

1 팀기반 학습(Team Based Learning)을 기초로 한 팀활동

팀기반 학습(TBL)은 '문제상황 속에서 개인의 선행학습과 팀 구성원간의 상호작용을 통해 개인과 팀의 성과를 극대화하는 교수전략'으로, 기대효과는 구성원들의 자발적인 활동, 의사결정의 질 향상, 구성원들의 책임감을 들 수 있다. 본 교재에 따른 수업진행은 주제에 따라 학생들의 팀 활동을 주축으로 하여 **사례연구**(case study)를 보조로 시행하는 것이 효과적이다. 그룹 스터디의 목적은 사례연구를 통해 실무내용을 이해하여 팀의 의견을 모으고, 회의 진행, 회의록 작성, 발표를 통해 전반적인 **시너지 효과**(synergy)**를 향상**시키는 데 있다. 또한 각 팀의 결과를 각종 사무기기와 소프트웨어를 통해 발표함으로써, 종합적인 실무능력을 향상시킬 수 있다.

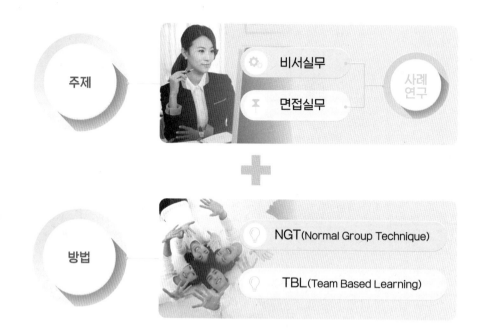

주제

- ⚙ 비서실무
- ☒ 면접실무
- 사례 연구

＋

방법

- 💡 NGT(Normal Group Technique)
- 💡 TBL(Team Based Learning)

팀 기반 학습(TBL: Team Based Learning)으로

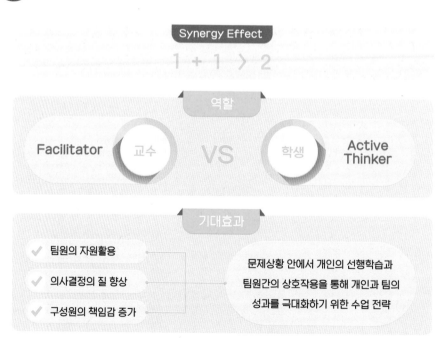

Synergy Effect

1 + 1 ＞ 2

역할

Facilitator　교수　VS　학생　Active Thinker

기대효과

- ✓ 팀원의 자원활용
- ✓ 의사결정의 질 향상
- ✓ 구성원의 책임감 증가

문제상황 안에서 개인의 선행학습과 팀원간의 상호작용을 통해 개인과 팀의 성과를 극대화하기 위한 수업 전략

2 팀 활동의 방법

TBL의 전체적인 방법은 아래와 같다. 학생들의 적극적인 의견을 모으기 위해 NGT, 즉 포스트 잇을 사용한 방법을 사용하면 좋다.

TBL & NGT

팀 활동이 어떻게 이루어질까?

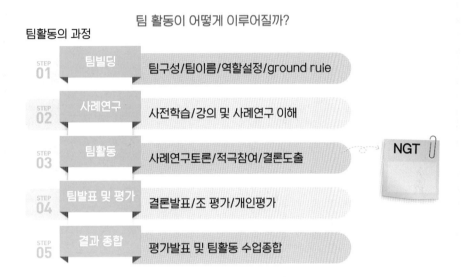

팀활동의 과정		
STEP 01	팀빌딩	팀구성/팀이름/역할설정/ground ruie
STEP 02	사례연구	사전학습/강의 및 사례연구 이해
STEP 03	팀활동	사례연구토론/적극참여/결론도출
STEP 04	팀발표 및 평가	결론발표/조 평가/개인평가
STEP 05	결과 종합	평가발표 및 팀활동 수업종합

NGT

NGT란?

NGT(Nominal Group Technique)

명목집단법

의사결정회의 때 한 장소에 모여있는 팀이 실제로는
그룹으로 활동하지 않고 각자 독립적으로 활동한다고 해서 붙여진 이름

특징   아이디어 발산과정에서 팀원이 서로 토의나 대화를 하지 않고
의도적으로 대화를 못하게 함으로써 상호간의 영향을 차단한다는 것

NGT

타인의 영향을 전혀 받지 않은 상태에서
자신의 진술한 의견을 제시할 수 있는 방법

Step 1 팀 형성(team building)

그룹 스터디는 반 전체를 몇 개의 조로 나누어 비서실무 주제에 따른 토의식 진행방식을 설명하고 조원끼리 소개를 하게 한다. 이때 자신이 잘하는 분야(예 정리를 잘한다든지, 발표를 잘한다든지)소개하여 친하게 하며, 조명칭을 알아서 정하게 한다. 또한 수업시간 이외에서도 토론을 할 수 있고 자료를 올릴 수 있는 **온라인상의 사이버 회의**(클럽, 블로그, 까페 등)를 할 수 있는 장소도 결정한다.

순서

조를 나눈다. ➤ 조끼리 인사하며 본인 소개를 한다(ice breaking). ➤ 자신이 잘하는 분야를 설명한다. ➤ 조명칭/구호를 정한다. ➤ 온라인 토론방 및 커뮤니티방을 개설하도록 한다.

무엇보다 팀 구성이 중요!

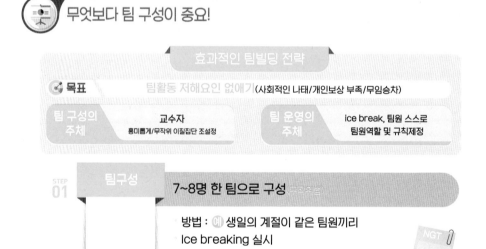

효과적인 팀빌딩 전략

목표	팀활동 저해요인 없애기 (사회적인 나태/개인보상 부족/무임승차)	
팀 구성의 주체	교수자 흥미롭게/무작위 이질집단 조설정	팀 운영의 주체	ice break, 팀원 스스로 팀원역할 및 규칙제정

STEP 01	팀구성	7~8명 한 팀으로 구성 목표의식
		방법 : 예 생일의 계절이 같은 팀원끼리 Ice breaking 실시
STEP 02	팀이름 및 구호결정	팀의 개성이 돋보이도록
		팀의 화합 및 각오를 위한 팀 이름과 구호를 자율적으로 결정

NGT

Tip!

효과적인 팀빌딩 전략!

• 뚜렷한 기준을 사용하되 공통점 있는 팀구성이 되도록 하자.

　(예 좋아하는 과일이 같은 팀, 혈액형 같은 팀, 생일의 계절이 같은 팀 등)

Step 2 팀장과 서기 결정

조를 구성한 후, 조원들이 팀장과 서기를 자율적으로 결정한다. 팀장은 각 그룹 회의를 주재하며, 서기는 회의록 양식에 따라 **회의록**을 작성한다. **회의록의 내용은 일시, 장소, 시간, 주제, 토의 내용 요지, 참석대상자 수, 불참자 수, 작성자** 등이 기록되며 솔직하게 기입할 수 있도록 한다. 또한 팀원들은 원활한 **팀활동을 위한 규칙**(ground rules)을 자유롭게 정하고 꼭 지킬 것을 약속한다. 이때 벌칙이 세워질 수 있다.

✅ 팀장의 역할

- 학습분위기 조성 및 팀원유대 강화
- 구성원 전체 참여 유도
- 경청유지
- 팀원끼리 정한 규칙(그라운드 룰) 준수
- 동등한 발언 기회 제공 및 학습활동 촉진

❖ 순서

팀장 및 서기의 역할을 인지한다. ➥ 책임감있는 팀장과 서기를 조원끼리 선출한다. ➥ 팀활동에서 필요한 규칙(ground rules)을 정한다.

🎫 무임승차 방지는?

🎯 **목표** • 무임승차 방지 위한 모든 구성원의 1인 1역할 선정
  • 리더는 랜덤하게 선출(누구나 리더가 될 수 있게)

STEP 03 **역할설정** 조원들이 필요한 역할을 가장 잘 할 수 있는 사람 결정

사회자 시간관리자 서기 리더 정보관리자

 팀의 규칙은 꼭 정하자!

목표
- 효과적인 팀학습 위한 팀원 스스로 규칙 정하기 (긍정적 규칙 유도)
- NGT 이용

STEP 04
Ground rule 설정　효과적 팀활동을 위한 구성원이 지킬 규정

NGT

 예
- 남의 이야기 잘 듣기
- 적극적으로 경청하기
- 지각하지 말기 (5분 일찍오기)
- 서로 칭찬하기 등

팀활동 증대를 위한 방법 1　**그라운드 룰(Ground Rule) 정하기**

효과적인 팀활동을 위해 구성원들이 지켜야 할 규칙 정하기

- 구성원들이 팀활동하기 전에 팀활동을 하기 위한 규칙을 서로 아이디어로 내놓고 이 중 만장일치로 찬성한 내용들을 모아 팀의 규칙을 정하는 방법이다. 이런 방법은 팀 활동 분위기를 효과적으로 하고 서로 합의한 규칙이기에 다들 열심히 따라 줌으로써 전반적인 팀활동의 생산성을 증가 시킨다.

그라운드 룰의 예

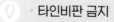
- 타인비판 금지

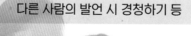
- 의견 낼 때 웃어주기

- 다른 사람의 발언 시 경청하기 등

팀활동 증대를 위한 방법 2 **Nominal Group Technique**

Post It 활용한 아이디어 모으기

• 구성원들이 사례연구를 하기 위해 집단으로 아이디어를 모을 때 사용하는 방법. 명목 상으로는 집단이지만 개인작업으로 볼 수 있는데, 방법은 사례에 대한 문제해결에 대한 답을 개인들이 각자 여러 장의 포스트 잇에 아이디어를 적고 작성한 후, 단체로 제일 많이 나온 아이디어를 선정하는 방법이다. 이 방법의 장점은 모든 구성원이 적극적으로 참여할 수 있고 타인 의견을 경청할 수 있다.

 NGT의 방법은?

Step 3 회의 진행

    사례연구문제가 주어지면 팀원들은 회의에 참가하여 의견을 제시하여 회의를 진행하고, 발표는 교대로 전부 발표를 하도록 한다. 이때 팀장은 리더라기 보다는 **조정자**(coordinator)로서 소외되는 팀원이 없는 지, 팀원 골고루 평등하게 작업을 분배했는지를 늘 검토하여야 한다. 또한 사이버회의 약속 날짜를 정하도록 한다. 또한 회의 때, 각각 어떤 역할을 담당했는지 **역할분담표**를 꼭 작성하여 팀 파일에 넣는다. **팀원은 연락담당자, 자료조사자** 등이 될 수 있다.

🔘 팀원의 역할

- 문제해결의 열의
- 자신의 개방 및 팀원으로부터 배우려는 의지
- 자신과 타인의 학습능력과 잠재력 인지

- 경청과 협력
- 타인가치를 존중하는 자세
- 실행의 성취에 대한 의지

🔆 순 서

사례연구문제 ➡ 활발한 토의진행, 이때 팀장은 코디네이터 ➡ 회의 결과 요약 ➡ 다음 회의 약속 및 자료 올리는 약속 정하기 ➡ 온라인커뮤니티에 자료 공유하기

🔘 사례연구부터 팀활동 시작!

팀활동(사례연구에 NGT 활용)

🎯 목표	강의 이해를 넘어선 적극적 학습활동이해 NGT이용(개인작업과 집단 작업 동시 수행) 칭찬과 격려에 따른 적극적 참여 유도

NGT

팀활동	사례연구토론/적극참여/결론도

- 사례연구 주제 1주전 광고: 개인 아이디어 준비(토론시간 절약)
- 사례연구 및 토의: post it 활용한 NGT방법 수행, 타인의견 경청
- 팀토의 과정 및 결과 발표
- 회의록(학습일지) 기록: 팀원 평가에 활용

3 팀 파일 제작과 발표

Step 4 팀 파일 제작

각 팀은 회의 진행의 과물을 팀 파일로 작성하여야 하며, 이에 따른 결과물은 발표자료(ppt)로 만들어 발표한다. 팀 파일은 팀의 활동사항을 전달하는 도구이므로 이에 대한 체계를 정하는 것이 필요하다. 이때 팀원 중에서 OA에 뛰어난 학생은 발표자료 제작을 담당할 수 있다.

팀 파일 만드는 요령과 순서

① 파일을 준비한다.

② 섹션커버(주제표시)를 넣는다.

③ 회의록 양식을 결정한다.

④ 회의를 진행한다.

⑤ 회의록 양식에 따른 회의록을 정리/작성한다.

⑥ 결과를 워드로 작성한다.

⑦ 발표자료는 Powerpoint를 이용하여 만든다.

⑧ 역할분담표와 작업내용을 정리하여 넣는다.

⑨ 발표를 한다.

Tip!

1. 팀원들의 무임승차(free rider)를 방지하기 위해 반드시 회의록의 참석자평판을 솔직하게 써야 한다.
2. 온라인 회의방을 개설하여 온라인 토론 및 자료 공유를 해야 보다 성공적인 팀활동을 이끌 수 있다.
3. 역할분담표를 꼭 작성하여 추후 어떤 역할을 담당했는지 확인하도록 한다.

 Team File

그룹 편성 및 역할 분할

① 조 명칭 결정	② 파일 준비	③ 섹션 커버	④ 회의록 양식 결정
⑤ 회의 진행	⑥ 회의록 정리 및 작성	⑦ 결과물 정리	⑧ 발표문 작성(ppt)

역할분담표 작성 각자의 역할에 대한 설명을 쓰고 사인한다.

 회의록 작성(회의록 양식 이용)

구성

일시, 장소, 참석자, 안건(주제), 회의내용, 회의결과, 참석자, 기타 사항, sign

회의

On-Line, Off-Line Meeting, 수시로 개최

Community 개설

회의자료 공시 및 자료 등재, 회의 결과 공유

Step 5 **발표**

사례연구 결과를 발표할 발표자가 선정되면, **발표자는 복장/자세를 점검하며, 내용을 읽지 말고, 미리 여러 번 연습을 한 후, 자신있게 이야기하듯 내용을 전달**하여야 하고, ppt를 이용한 발표자료 준비와 발표기자재 사용요령을 숙지해야한다.

✅ 발표자 자세

- 프레젠테이션 내용을 확실히 이해하고
- 읽지 말고 이야기하듯 전달
- 연습을 하여 청중을 바라보며
- 설명을 길지 않게 10분 정도
- 질문받을 시간을 포함할 것

발표는 돌아가면서 누구나 할 수 있게!

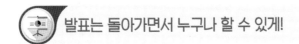

팀발표

🎯 **목표**
- 토론 내용 정리 및 발표 능력향상
- 개방형 질문(open question)으로 인한 응답의 자신감 향상시키기
- 즉각적이고 공개적인 칭찬기법으로 학습자의 존재감 향상시키기
- 바람직한 경청기술로 배려를 가르쳐주게 함

NGT

팀발표 및 질의응답 ppt를 이용한 결론발표/질의 응답

- 발표 경청 후 적극적 질의 유도: 질문유형 개방형(~어떻게 했으면 좋을까?)
- 바람직한 경청태도 보여줌(고개를 끄덕여주세요)
- 칭찬기술 보여줌: 결과보다 과정을 칭찬, 공개적, 즉각적인 칭찬

Step 6 평가

평가는 **같은 조에서 우수조원을 뽑는 〈조원평가〉**와 발표팀 중 잘한 팀을 선정하는 **〈팀별평가〉**로 나누어지며, 되도록 모든 과정이 포함될 수 있는 평가가 될 수 있도록 한다. 이때 **모바일 평가**(스마트폰 활용)를 실시하면, 즉각적인 피드백을 줄 수 있고 공평한 평가 결과를 학생들에게 보여줄 수 있다.

또한 동료평가지를 만들어 각 팀에서 각 팀원들의 수고한 노력을 총점 100점 만점으로 배분하여 평가하게 할 수도 있다.

 평 가

🎯 **목표**
- **팀내 동료평가**(구성원의 기여도 확인) : 핸드폰, 동료평가지 활용
- **칭찬릴레이**: 긍정적인 평가로 팀활동의 보람을 느끼게 해준다.
- **팀별 평가**

팀활동 평가   **mobile 평가를 활용한 즉각적인 평가 도입/ 팀내 팀별 평가**

Mobile 평가방법 활용
- 가장 발표를 잘한 팀은? 교수의 핸드폰으로 발표 팀의 번호를 보낸다.
- 팀내 기여도가 높은 사람은? 교수의 핸드폰으로 기여도 높은 사람의 이름을 적어 보낸다.

칭찬릴레이
- 옆사람의 관찰 결과, post it에 칭찬을 써서 준다.
- 동료평가지 활용

 Tip!

수고한 동료에게 칭찬을!
함께 수고한 동료에게 포스트잇에다가 칭찬을 2가지 이상 써주면 팀 화합에 큰 도움이 된다.

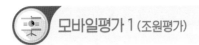 모바일평가 1 (조원평가)

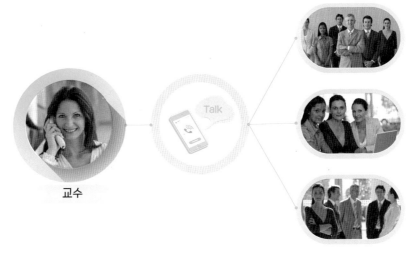

교수

조원
평가

우리 조에서 가장 활약이 큰 친구는?
예) 사과팀_김희영

 모바일평가 2 (팀 평가)

교수

발표
평가

제일 발표 잘한 팀은?
예) 수박팀_조민아

✐ 회의록 예제를 이용하여 각팀마다 회의록을 만들어봅시다.

회 의 록

일 시		장 소	
참석자			
불참자			
안 건			

토의사항	

토의결과

기타사항		작성자	소 속	직 위	서명(인)

✎ Sample - 팀파일 예제

special secretary's story

팀 파일 겉표지를 제작하여
팀로고와 함께 자료에 넣는다.

팀원을 소개하는 자료를
삽입한다.

✎ Sample -회의록

팀명

Triple S 회의록

불참자를 꼭 기입

회 의 일 시	2012년 03월 22일 목요일		불 참 자	김영애
회 의 시 간	오전 09:00 - 10:00		사 회 자	안유원
회 의 장 소	도서관 Study Room1		서 기	김지영, 안유원
회 의 안 건	① IAAP vs ASA 공통점과 차이점 ② 한국현실에 맞는 비서직 윤리강령제정			

회 의 내 용

안유원 : 오늘 회의의 안건은 첫 번째 IAAP와 ASA의 윤리강령의 공통점과 차이점을 찾는 것과 두 번째 한국 현실에 맞는 비서직 윤리강령을 저희가 직접 제정해보는 것입니다. 먼저 어제 수업시간에 IAAP와 ASA의 공통점과 차이점에 대해 짧게 회의했는데요. 그 내용을 정리하고 마저 의견을 나누고 마무리 짓도록 하겠습니다. 공통점에 대한 의견을 먼저 듣도록 하겠습니다.

이주희 : 일단 공통적으로 품위를 손상시키지 말아야 한다는 내용이 들어가 있는 것 같습니다. IAAP의 강령2를 보면 전문비서직의 품위를 손상시키지 않도록 노력하여야 하며 전문직으로서의 비서직의 인식을 높여나가야 한다고 나와있구요. ASA에서는 1번에 협회의 법규와 규칙을 수행하는 데 있어 충성스럽고도 정직하게 행동하여 협회의 이미지나 명성을 손상하지 않도록 한다고 나와 있습니다.

권유나 : 제가 찾은 공통점은 IAAP 강령3-B의 내용과 ASA의 6번 내용입니다. IAAP B에서 비서는 동료들이나 상사가 개인적인 혹은 비업무적인 이익을 위하여 그들의 지위를 남용할 때 협조하거나 묵과해서는 안 된다고 나와 있구요. ASA 6번에도 업무수행과 관련하여 얻게 되는 정보의 기밀성을 보장하고 개인의 이익이나 자신이 일하는 조직에 해를 끼치는 목적으로는 기밀정보를 사용하지 않는다고 나와 있는 것으로 보아, 지위를 남용하여 회사나 상사에게 손해를 입히면 안 된다는 내용이 일치합니다.

신나래 : IAAP 강령3-C에 비서는 직장에 있어서 성별, 신조, 이중 혹은 나이로 이한 불이익이나 위협의 경우에 항의하여야 하며 필요한 경우에는 해당부처에 알리도록 한다고 나와 있습니다. 이와 비슷하게 ASA 9번에는 다른 회원을 격하시키거나 지위를 손상하지 않으며 불필요하게 다른 회원의 전문직무에 대하여 비난하지 않는다고 나와 있습니다. 따라서 비서는 직장 내에서 다른 회원을 불필요하게 비난하거나 차별하지 말아야 한다는 것이 공통점입니다.

이 송 : 저는 IAAP 강령2와 ASA 4번에서 공통점을 찾았는데요. IAAP 강령2를 보시면 비서는 비서직의 표준을 유지·향상시키기 위하여 노력한다는 말이 쓰여 있구요. ASA 4번에서는 비서와 경영분야에 관한 항상 새로운 지식과 기술 및 실무를 익힘으로써 효율을 높이는 방안을 강구하라고 쓰여 있습니다. 이 두 가지를 한마디로 말하면 비서는 비서의 능력을 계속 계발해야 한다는 뜻입니다. 즉 자기계발에 소홀히 하면 안 된다고 말하고 있습니다.

박소연 : 저도 송이언니와 같은 의견입니다. 하지만 저는 ASA 4번을 IAAP 강령1과 비교하여 찾아보았습니다. 비서는 자신의 상사와 회사를 위해 자기계발을 꾸준히 해서 가장 능률적인 태도로 책임을 수행해야 합니다.

팀로고

special secretary's story

Triple S 회의록

회 의 내 용

안유원 : 공통점이 대한 의견 더 있으신 분? 없으시면 이제 차이점에 대해 의견을 나누겠습니다.

이주희 : 송이와 연관되는 말이지만 비서는 여성으로서의 자부심을 가져야 합니다. 현재 우리나라의 경우 다른 나라보다는 가부장적인식이 더 자리 잡고 있다고 생각합니다. 때문에 전문 여성의 모습을 보여 비서로의 이미지를 만들어가야 한다고 생각합니다.

김영은 : 비서는 '빨리 빨리'하되 신속 정확해야 합니다. 외국인이 볼 때 우리나라는 '빨리 빨리'문화가 있습니다. 때문에 신속 정확하지 않을 거라 생각하지만 그 생각을 깨주고 능력 있는 전문 비서의 모습을 보여야 한다고 생각합니다.

권유나 : 비서수첩을 항상 소지하여야 합니다. 비서는 항상 철저하고 준비된 모습이어야 합니다. 따라서 언제나 비서수첩을 소지한다면 실수를 줄일 수 있지 않을까 생각됩니다.

박소연 : 비서는 다른 직원들과 친하게 지내야 한다고 생각합니다. 비서는 업무상 다른 직원들과 소통이 어렵다고 생각합니다. 때문에 먼저 다가가 인사하고 안부를 물며 다가가야 한다고 생각하고 다른 직원들과 친해지되 기밀에도 힘써야 한다고 생각합니다.

안유원 : 두 번째 안건에 대한 의견이 총 16개가 나왔습니다. 의견을 모두 모아보겠습니다. 사무실 물품을 개인적인 용도로 가져가지 않기, 상사의 신성정보와 일정을 유출시키지 않기, 타인을 상사처럼 서비스하기, 내방객에게 항상 친절히하기, 시간은 철저히 지키기, 모르면 전문 서적이나 관련 카페 참고하기, 비서의 위치에서 거만하지 않기, 자기계발에 힘쓰기, 한국문화 공부하기, 비서에 대한 자부심 갖기, 여성으로서의 자부심 갖기, 자기 자신에게 자부심 갖기, 신속하되 정확하게 일처리하기, 비서수첩 항상 소지하기, 비서로서 상사에게 신뢰를 얻기, 다른 직원들과도 친하게 지내기입니다. 이 중에서 비슷한 의견들은 하나로 정리하고 한국 현실과 관련이 없다 싶으면 빼도록 하겠습니다. 저희 Triple S의 첫 회의였는데 모두 적극적으로 참여해 주셔서 감사합니다. 이상으로 회의를 마치겠습니다. 수고하셨습니다!

회의록 작성이 끝난 후 반드시 서명한다.

참석자	확인란	참석자	확인란
이주희	이주희	신나래	신나래
이 송	이 송	안유원	안유원
정지수	정지수	박소연	박소연
김지영	김지형	김영은	김영은
권유나	권유나		

-2-

special secretary's story

✎ Sample - 역할분담표

업무분담표

이 름	업 무	확 인
김희수	활동사진, 쉬어가는 페이지	김희수
이주희	IAAP, ASA, KAAP	이주희
이 송	기업의 윤리강령	이 송
정지수	비서의 고민	정지수
김지영	회의록, 팀파일 & 속지	김지형
권유나	표지, 프로필 일러스트 작업	권유나
신나래	POWER POINT 작성	신나래
안유원	회의록, 팀파일 양식편집 및 총정리	안유원
박소연	쉬어가는 페이지	박소연
김영은	발표 준비	김영은

회의록 작성이 끝난 후 반드시 서명한다.

special secretary's story

Sample - 역할분담표

활동사진

활동사진

special secretary's story

01 우리 팀은 누구 누구인가요? 팀을 구성한 후, 팀원의 이름을 모두 적어보고, 또한 우리 팀 명을 NGT 방법에 의해 만들어 봅시다.

02 우리 팀의 팀장과 서기는 누구인가요? 팀장과 서기의 이름을 적고 해야할 일을 적어봅시다.

그 밖의 역할을 담당할 사람은 누구인지, 그 역할이 수행해야할 내용도 적어봅시다.

03 우리 팀의 ground rule을 정해서 결정된 규칙을 적어봅시다. 또한 사이버회의 공간도 적어봅시다.

또한 각 팀마다 팀 파일을 준비하여 팀활동에 필요한 준비내용을 적어봅시다.

 팀명/팀구호 외치기!!

- ✓ 팀　　명: 우아비(우아하고 아름다운 비서)
- ✓ 팀 구 호: 비서!비서! 파이팅 야!
- ✓ 팀　　장: 김장미
- ✓ 역할 담당

그라운드 룰

5분 일찍 오기	웃고 시작하기	의견낼 때 무조건 경청하기
①	②	③

비서직 진출준비와 면접실무

비서직
이해하기

Chapter 02

01

전문비서직과 윤리강령

전문비서의 의미를 이해하기 위해 직업의 의미, 직업관, 직업윤리를 기초로 전문비서에게 필요한 윤리강령을 익힌다.

1 직업

직업은 사전적 의미로는 '**생계를 위하여 일정한 동안 계속 종사하는 일**' 이라고 정의하지만 직업은 단순한 경제적인 의미를 넘어서 우리의 삶에 여러 가지 영향을 미치게 된다. 직업을 신의 소명 또는 천직(天職)으로 보는 관점도 있으며, 본인의 가치관을 실현하는 장으로도 보기도 한다. 따라서 **직업은 개인의 생계유지와 사회구성원으로서의 역할의 분담 및 자아실현을 목표로 하는 지속적인 노동이나 일**을 의미한다.

따라서 직업의 의미는 **경제적 목적, 사회적 목적, 심리적 목적, 자아실현의 기회** 등으로 표현할 수 있는데, 직업을 선택할 때는 자신의 가치관, 능력, 보람 등을 고려해야 한다.

나는 왜 직업을 가져야 할까?

- 심리적 이유?
- 사회적 이유?
- 능력?
- 경제적 이유?
- 자아실현의 기회?
- 가치관?
- 보람?

2 직업의 선택

직업의 선택시은 본인의 능력, 선택하려는 직종에 대한 지식 및 훈련, 적성 등을 고려해야하는 데, 본인이 가장 **잘할 수 있는 분야**인지 또한 **그 일을 좋아하는 지**를 신중히 스스로 질문해보고, 'yes'라고 할 때 선택할 수 있다.

3 직업 윤리

직업인들은 직업상 업무를 수행할 때 바른 직업의식을 가지고 윤리적인 행동을 해야한다. 모든 직업에는 그 직업을 수행할 때 지켜야할 직업윤리가 암묵적으로 요구되는데, 주로 확실한 **직업의식, 자율적 정신, 직업의 공공성과 사회성에 대한 의식, 조직 내에서의 협동정신 및 인화단결**을 강조하고 있다.

4 전문직 윤리강령

전문직의 직업윤리는 '구성원의 행동이나 태도에 관해 형성된 도의적 가치로서 그의 행동과 태도의 옳고 그름을 가늠하여 개인과 그 개인이 봉사하는 조직과 사회가 다 같이 바람직한 방향으로 나아가는 규범'으로 볼 수 있다. 예를 들어 의사와 변호사, 교사와 같은 전문직의 경우는 **전문직 윤리강령**(Codes of Ethics)을 제정하여 전문직으로서의 책임감과 사회적 의무감을 강조하고 있다. 이들은 사회적 책임감과 사회적인 영향이 다른 직종보다 상대적으로 높기 때문이며 특히 집단 이기주의 발생이 높을 수 있기 때문이다.

전문직의 윤리강령은 일반적으로 4분야로 구성되는데, **공공 및 사회에 대한 봉사, 고객 및 고용주에 대한 봉사, 동료 및 협력집단, 해당 전문직에 대한 충성심**에 대한 내용으로 요약될 수 있다.

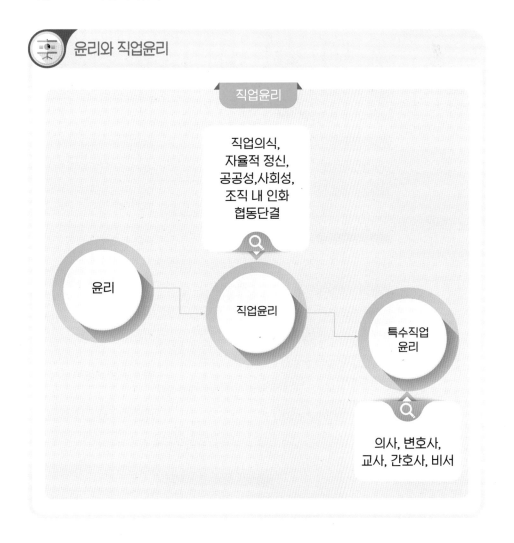

윤리와 직업윤리

직업윤리

직업의식,
자율적 정신,
공공성,사회성,
조직 내 인화
협동단결

윤리

직업윤리

특수직업
윤리

의사, 변호사,
교사, 간호사, 비서

5 전문비서직 이해

비서직은 영국의 Carr Sanders는 1930년대 전문직을 분류하면서 이미 전문직 직업군에 비서를 포함시키고 있었다. 근대에 와서 비서는 고급행정관리 및 고위관리층으로 비서를 정의하고 있는데, 국제전문비서협회(IAAP: International Association of Administrative Professionals)의 전신인 PSI(Professional Secretary International)의 비서의 정의에 따르면 비서란 "비서는 숙달된 사무기술을 보유하고 직접적인 감독없이도 책임을 맡는 능력을 발휘하며, 창의력과 판단력으로 주어진 권한내에서 의사결정을 내리는 간부적 보좌인"으로 정의하고 있다.

 **비서(秘書)의 정의**

사전적 의미

★ **국어사전**
- 중요한 직위에 있는 사람에게 직속되어 있으면서 사무를 맡아보는 직위, 그 직위에 있는 사람

★ **웹스터**
- 어떤 조직체에서 개인을 위해 기록의 보관, 통신의 취급 및 기타 서기적 사무를 위해 고용된 사람
- 이를 담당하는 공무원
- 정부의 부서에 소속되어 있는 관리

★ **비밀문서의 취급자**

★ **개인 또는 공공기관의 STAFF**

★ **사무총장**(the secretary general)

★ **국무장관**(the secretary of state)

Definition of Secretary(IAAP)

A Secretary is defined by PSI as an *executive assistant* who possesses a mastery of *office skills*, demonstrates the ability to assume *responsibility* without direct supervision, exercises *initiative and judgment*, and *makes decisions* within the scope of assigned authority.

비서의 정의 공통점

최고경영층의 보조자

비밀문서의 취급자

개인 또는 공공기관의 STAFF

**폭넓고 다양한 의미를 내포
국가, 행정, 기업에서 기능, 역할이 다양함**

21세기 이후 기업환경의 급변

- 글로벌화, 다양한 문화배경의 조직원, 최신 IT, 가상공간 개념의 사무실
- 비서는 기업의 전문화, 국제화 추세에 적응하며, 상사의 정보이용의 극대화에 기여하는 staff으로서의 역할이 강조

창의력

책임감

사무기술

판단력

전문비서를 이해하기 위해 관련 협회에서 나온 자료 및 직무와 관련된 내용을 살펴보자.

세계전문비서협회(IAAP: International Association of Administrative Professionals)

출처: www.iaap-hq.org

- **역사**   1942년 창립
- **활동**   미국과 캐나다를 중심으로 현직 비서들의 단체로 비서자격시험을 운영하고, 전문비서직의 위상과 권위를 드높힐 목적으로 설립되었으며, 비서의 활동과 교류를 높이기 위해 교육 및 세미나도 개최하고 있다. 1952년부터 비서의 날을 제정하여 전 세계 비서들의 축하하는 행사를 진행하고 있으며 계간지인 Officepro라는 잡지를 발간하여 비서 및 사무직에 관련된 이슈들을 다루고 있다.

✓ 비서의 주간(Administrative Professionals Week), 비서의 날(Administrative Professionals Day)

1952년부터 세계전문비서협회에서는 비서의 주간 및 비서의 날을 제정하여 오늘 날 까지 지켜오고 있다. 비서의 주간은 **4월 마지막 주**(full week)이며, 이 주간 중 **수요일을 비서의 날**로 제정하고 있다. 원래는 이날의 명칭이 Professional Secretaries Week and Professional Secretaries Day이었는데, 2000년부터 세계전문비서협회의 이름이 바뀌면서 현재의 명칭과 같이 되었다. 이날은 1년 365일동안 조직과 상사를 위해 헌신한 비서의 노고를 상사들이 감사를 하는 시기이기도 하고 비서들의 자축하는 시기이기도 하다. 세계전문비서협회 뿐 아니라 아시아비서협회 및 한국비서협회에서도 함께 축하행사를 진행하고 있다.

한국비서사무협회(KAAP: Korea Association of Administrative Professionals)

출처: www.kaap.org

- **역사**   1982년 사단법인으로 출범
- **활동**   세계전문비서협회의 회원국으로 한국의 대표적인 현직비서들의 모임이다. 한국비서협회 KAAP(Korean Association of Administrative Professionals)는 비서직, 사무관리직 종사자 및 교육자 그리고 비서직에 관심 있는 일반인, 학생, 기관 등으로 구성된 회원들의 자질을 높이고, 그 권익을 옹호하며, 회원 사이의 친목을 도모함으로써 전문비서의 지위를 향상시킴을 목적으로 한다. 2달의 한 번씩 미니세미나와 봉사활동, 그리고 세계전문비서협회와 같이 비서의 날을 함께 축하하고 있다.

6 비서의 신조 및 윤리강령

비서직 역시 윤리강령이 강조되는 직종 중에 하나인데, 이는 조직의 최고위층을 보좌하는 비서의 역할 상 기밀에 관련된 내용과 정보가 많기 때문이다. 따라서 비서는 특히 기밀유지에 주의를 해야 하며, 업무 수행 시 윤리강령을 참조해서 행동해야 한다. 비서직과 관련된 윤리강령 및 신조에 대해 알아보자.

비서신조(A Secretary's Creed)

1. 전문직업으로서의 비서직을 충실히 이행한다.
2. 회사의 목표, 정책, 그리고 회사의 생산품에 대한 지식과 이해를 높임으로써 효과적인 업무수행을 하도록 노력한다.
3. 보상에 정당한 업무를 이행한다. (근무시간상으로나 업무태도 및 내용면으로 하루하루의 일과를 충직하고 성실하게 수행한다.)
4. 항상 회사를 대표하는 마음가짐으로 회사에 보탬이 되도록 노력한다. 특히 방문객을 맞을 때나 전화응대를 할 때 회사의 이미지를 높이도록 노력한다.
5. 지시를 받을 때에는 불합리성, 예외적인 사항이나 변칙 등이 없는지에 항상 유의한다.
6. 내게 부과된 책임이나 활동에 대해서 책임을 지고 수행한다. 특히, 자신의 책임사항에 관한 한 상사의 직접적인 감독 없이도 이행한다.
7. 항상 상사의 요구사항·마감기일. 자료 등을 예견하여 사전에 준비한다.
8. 상사와 회사의 이익을 증진시킴으로써 자신의 이익을 도모할 수 있다는 생각과 함께 상사와 효과적인 팀워크를 이루어나갈 수 있도록 노력한다.
9. 기밀을 철저하게 지킴으로 신뢰관계를 형성한다.
10. 상대방의 말을 경청하며 상사에 관련되는 정보에 유의한다. 회사와 상사 그리고 나 자신의 이익은 동일선상에서 도모되는 것임을 인식하고 상사를 위해서, 그리고 상사와 더불어 효과적인 팀워크를 이루도록 힘쓴다.
11. 약속을 충실히 이행함으로써 동료들과의 신뢰관계를 형성한다.
12. 타인의 인격에 대하여 비난하거나 언급하지 않는다.
13. 동료들에게 항상 친절하며 명랑하게 대한다.
14. 자신의 건강에 항상 유의한다.
15. 타인의 인격이나 권리를 존중한다.
16. 자신의 청결과 단정한 복장에 유의한다.
17. 계속적인 공부와 노력을 통하여 사무지식 및 기술을 증대시킴으로써 조직 내에서 진보해 나갈 수 있도록 한다.
18. 한 인간으로 행복하기 위해서 자신의 행복을 증진시키며 적응력을 향상시키기 위하여 가정과 직장 그리고 여가생활을 균형있게 유지한다.

19. 협동심, 침착성, 활발하고 적극적인 업무의욕 등을 계속 키움으로써 성공적인 전문직 여성으로서의 자질을 함양한다.

20. 전문직업인으로 뿐만 아니라 하나의 성숙한 개인으로 성장함으로 타인들에게는 같이 일하고 싶은 동료가 되도록 노력한다.

21. 자신의 생각을 표현할 때는 차분하고, 논리적이며, 준비된 태도로 이야기한다.

22. 상사의 요구, 업무처리방식. 성격 등을 이해하고 이에 맞춘다.

23. 지시를 받을 때는 첫 번에 정확히 확인함으로써 두, 세 번 묻는 일이 없도록 한다.

24. 업무를 계획하고 계획대로 추진한다.

25. 상사가 잡무로부터 해방될 수 있도록 보좌한다.

IAAP의 전문비서의 윤리강령(Code of Ethics)

PREAMBLE

Recognizing the a position of trust imposes ethical obligations upon secretaries to act for the benefit of employers, clients and the public, members of professional Secretaries international of employers, clients and the public. members of Professional couduct.

머리말

비서직은 신뢰에 바탕을 둔 직종으로, 전문비서협회의 회원들은 비서에게 부과된 윤리적 의무를 인식함으로써 회사와 고객 그리고 공공대중의 이익을 위하여 직무수행에 있어 아래와 같이 윤리규정을 제정하고 공포한다.

STANDARD I

The Secretary shall act as a trusted agent in professional relations, implementing responsibilities in the most competent manner and exercising knowledge and skill to promote the interests of the immediate and corporate employers.

강령 I

비서는 업무관계에 있어 신뢰받는 代理人으로 행동한다. 직속상사와 회사의 이익 증진을 위하여 가진 바 지식과 기술을 발휘하여 가장 능률적인 태도로 책임을 수행한다.

STANDARD II

The secretary shall strive to maintain and enhance the dignity, status, competence and standards of the profession and its practitioners.

강령 II

비서는 비서직과 비서직에 종사하는 사람들의 권위, 지위, 그리고 능력 뿐만 아니라 비서직의 표준을 유지·향상시키기 위하여 노력한다.

※ 즉 전문비서직의 품위를 손상시키지 않도록 노력하여야 하며 전문직으로서의 비서직의 인식을 높여나 가야 한다.

STANDARD III

A. The secretary shall insist that judgments concerning continued employment, compensation and promotion be based upon professional knowledge, ability, experience and performance.

비서의 계속적인 근무, 급여 그리고 승진에 관련되는 결정은 비서의 전문지식, 능력, 경험, 그리고 업무성과에 따라 보상되어져야 한다.

B. The secretary shall refuse to cooperate with or condone by silence the actions of co-workers or employers who misuse their positions for personal, nonprofessional advantage.

비서는 동료들이나 상사가 개인적인 혹은 비업무적인 이익을 위하여 그들의 지위를 남용할 때 협조하거나 묵과해서는 안된다.

C. The secretary shall resist, and it necessary report to the proper authorities, instances in the workplace of harassment for reasons of sex, creed, race or age.

비서는 직장에 있어서 성별, 신조, 이중 혹은 나이로 이한 불이익이나 위협의 경우에 항의하여야 하며 필요한 경우에는 해당부처에 알리도록 한다.

※ 주 - 미국의 경우는 "Equal Employment Act"라고 하여 고용에 있어 성별, 인종, 신앙, 나이로 인하여 고용인을 차별하거나 위협할 때는 이를 관계 부처에 보고하면 엄격한 법의 적용을 받도록 되어 있다. 물론 우리나라에도 고용평등법이 있기는 하나 미국의 경우는 훨씬 엄격하다.

D. The secretary shall inform the employer concerning any changes in conditions of employment. Including fringe benefits, which encourage inefficiency or make difficult the proper performance of prescribed assignments.

비서의 직무수당, 직원혜택 등을 포함한 자신의 고용조건에 변화가 있을때는 직속상사에게 알리도록 한다. 왜냐하면 이러한 요소들이 규정된 임무를 수행하는데 있어 비능률을 초래하거나 적절한 업무수행을 어렵게 할 수도 있기 때문이다.

※ 주 - 공정하지 못한 승진이나 봉급, 수당책정으로 인하여 비서가 불만을 가진다면 효과적인 업무수행에도 지장이 있을 것이다. 불만사항을 혼자서 고민하기 보다는 상사에게 이야기함으로써 문제를 건설적 · 개방적으로 해결할 수 있도록 하라는 말이다. 그러나 이러한 행동이 우리나라 조직문화에서는 잘 받아들여지질 않을 수도 있다.

STANDARD IV

The secretary must consider the promotion and preservation of the salety and wellare of the public to be the paramount duty.

강령 IV

비서는 공공대중의 안전과 복지의 수호와 증진을 제1차적인 중대한 의무로 인식하여야 한다.

✿ 아시아비서협회(ASA)의 전문비서의 윤리강령(Code of Ethics)

1. 협회의 법규와 규칙을 수행하는 데 있어 충성스럽고도 정직하게 행동하여 협회의 이미지나 명성을 손상하지 않도록 한다.

2. 전문 직무 수행에 있어 항상 최상의 정직함으로 임한다.

3. 자신과 부하직원의 직무에 대한 책임을 받아들인다.

4. 비서와 경영분야에 관한 항상 새로운 지식과 기술 및 실무를 익힘으로써 효율을 높이는 방안을 강구하며, 정보의 상호교환을 촉진하므로 비서직에 대한 이해를 증진시킨다.

5. 조직 내 혹은 관련 외부와의 효과적인 의사소통을 증진시킨다.

6. 업무수행과 관련하여 얻게 되는 정보의 기밀성을 보장하고 개인의 이익이나 자신이 일하는 조직에 해를 끼치는 목적으로는 기밀정보를 사용하지 않는다.

7. 전문비서로서 공적인 발언을 할 때는 명확하고도 신중하게 한다.

8. 부하직원의 욕구와 문제들에 대하여 배려하며 스스로가 솔선함으로 리더쉽을 발휘한다.

9. 다른 회원을 격하시키거나 지위를 손상하지 않으며 불필요하게 다른 회원의 전문직무에 대하여 비난하지 않는다.

✔ ASA 란?

아시아 비서 협회(ASA: The Association of Secretaries and Administrative Prefessionals in Asia Pacific)이다. 이들은 전문가로 서 비서 및 행정 정문가의 인정을 받기 위해, 또한 아시아의 비서 및 행정 전문가 간의 우정, 이해, 단결 및 아이디어 교환을 촉진하기 위해 설립되었다. 현재 ASA에는 13개의 회원 조직이 있으며 이는 필리핀, 태국, 싱가폴, 인도네시아, 인도, 말레이시아, 중국, 파키스탄, 스리랑카, 브루나이, 방글라데시, 파푸아 뉴기니이다.

한국비서사무협회(KAAP)의 전문비서의 윤리강령(Code of Ethics)

1. 정직

정직은 인간에게 기본적으로 요구되는 규범이다. 회사의 규칙과 정책을 준수하며 불의한 행동, 즉 뇌물수수, 거짓진술, 회사 비품의 개인적인 사용 등을 하지 않으며, 정당하게 일을 하고 그에 대한 보상으로 임금을 받는 투철한 직업 정신이 필요하다.

전화할 일이 있으면 점심시간이나 쉬는 시간에 건물 내 공중전화를 이용함으로써 근무시간에 충실하며 회사 사무비용을 낭비하지 않는 태도가 필요하다. 또한 출퇴근시간과 근무시간을 엄격히 지키는 것도 중요하다. 최고경영층들은 회의, 출장 등으로 자리를 비우는 경우가 많다. 상사가 없을 때일수록 비서는 자리를 비우지 않음으로써 급한 연락사항을 대비한다.

2. 신뢰감

상사가 비서를 믿고 일을 맡기기 위해서는 신뢰적인 관계가 먼저 형성되어야 한다. 신뢰는 하루 아침에 얻어지는 것이 아니라 일정기간 동안의 직무관계를 통해 쌓아 나가야 한다. 상사가 비서에게 상사의 일정에 관하여 이야기하지 않거나 비밀서류를 맡기지 못한다면 그것은 비서를 신뢰하지 못한다는 신호이다. 비서는 신뢰 받을 수 있는 행동과 정확한 업무처리를 통하여 신뢰를 쌓아 나가야 한다. 꾸준히 그리고 모든 업무처리에 있어서 상사의 신임을 얻을 수 있도록 최선을 다하고 행동하는 것이 필요하다.

3. 비밀엄수

① 문서관리를 철저히 한다. 업무 중 책상에 놓인 서류도 잠시 자리를 비울 때는 안 보이는 곳에 보관하고 서류함이나 기타 자료들은 퇴근 시 꼭 잠그도록 한다. 컴퓨터 사용 시 중요한 서류에는 암호를 사용하며 컴퓨터 화면은 통로에서 보이지 않도록 한다.

② 아직 공표되지 않은 사항은 회사 내의 친한 사람에게라도 미리 누설하지 않도록 한다.

③ 전화 통화 시, 혹은 방문객 대응 시에는 답변할 때 주의해서 하도록 한다. 예를 들면 '출장 중'이라고 답변하면 충분한 것을, 부주의로 '포항에 출장가셨다'라고 대답할 경우 상대가 경쟁 회사일 경우 상대방은 이 한마디로 여러 사항을 유추할 수 있다.

④ 회사명이 찍힌 서류봉투를 회사 바깥으로 가지고 나가지 않도록 한다. 자신도 모르게 경쟁사로부터 정보수집을 위한 대상으로 선택될 수 있다.

4. 충성심

충성심은 상사에게 무조건 복종하는 것이라기보다는 자신의 임무를 최선의 결과를 위해, 최선을 다해 그리고 열심히 하는 것이라고 할 수 있다. 또한 업무처리에 있어 상사의 지위와 입장을 고려하며, 상사의 편에 서서 자신을 앞세우기보다는 상사가 돋보이도록 앞세우는 태도를 의미한다.

상사에 대한 충성심뿐만 아니라 회사에 대한 애사심이나 조직에 대한 관심도 포함한다. 자사에서 생산되는 상품에 대한 지식을 넓히고 회사에 대한 긍지를 가지며 회사의 생산성에 항상 관심을 기울여서 보다 능률적으로 업무를 처리할 수 있어야 한다.

출처: 한국비서사무협회(KAAP: www.kaap.org)

01 세계전문비서협회의 윤리강령과 아시아 전문비서협회의 윤리강령을 비교하여 공통점과 차이점을 찾아봅시다.

공통점)

차이점)

02 비서직 이외에 다른 전문직에도 윤리강령이 있는 지 찾아보고 적어봅시다.

03 한국현실에 맞는 비서직 윤리강령을 각 팀에서 10가지씩 제정해봅시다.

비서의 고민게시판

아, 이럴 땐
어떻게 해야 할까요?

고민 ❶

사장님께서 김장미 비서를 부르시더니, 사장님께서 드시고 계시던 컵을 주시며 "여기 뜨거운 물 좀 부어다 주세요"라고 말씀하셨다. 컵에 커피가 여전히 남아 있어서 약간 의아하긴 했지만, 그냥 새로 물을 달라고 말씀하시는 거라고 생각하고 김장미 비서는 남아 있던 음료는 모두 버리고 뜨거운 물 한 컵을 부어 올려드렸다.

사장님께서는 인상을 찌푸리면서 "아까 그 남아 있던 커피에 물을 부어 달란 얘기였는데" 하시며 다음부터는 제대로 확인하라고 말씀하셨다. 사장님께서는 친절히 말씀하셨지만, 김장미 비서는 실수를 했다는 생각에 마음이 많이 불편하였다.

고민사례연구

- 김장미 비서의 문제점은 무엇이었을까요?

- 앞으로 실수하지 않기 위해선 어떻게 해야 할까요?

- 김장미 비서에게 조언을 해줄 수 있는 말을 적어봅시다.

02

전문비서의
경력경로
(Career Path)

전문비서의 경력경로를 이해하고 전문비서가 갖추어야 할
역할 및 역량을 파악하여 바람직한 비서상을 설정해보자.

1 비서직의 경력경로(Career Path)

비서의 영문 명칭은 비서의 경력에 따라 다르게 불리워지며, 또한 직장 내에서 **경력이 쌓여감에 따라 명칭도 달라져** 간다. 그러나 외국에서는 비서의 명칭이 상대적으로 세분되어 있으나, 우리나라의 경우는 자세한 구분없이 통틀어 비서를 총칭으로 "비서"로 부르고 있다. 대신 일반적으로 비서라는 명칭과 함께 라인의 직급을 따르고 있는 것도 보편적이다.(예 비서-대리, 비서-이사)

일반적으로 국내비서에 대한 경력경로는 다음과 같은데, 어느 정도 경력이 필요하다 할 수 있다.

 비서의 단계

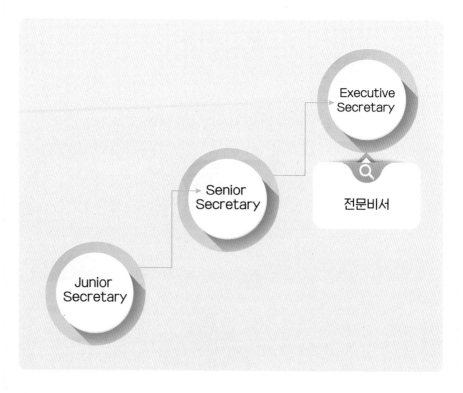

1) 초급자: 신입비서(Junior Secretary)

일반적으로 학업을 마치고 갓 입사한 비서는 초급비서로 불린다. 이에 대한 영문 명칭은 Junior Secretary, Secretary, Secretary-Level B로 표시되며, 우리말로는 비서, 초급비서, 수습비서 등으로 불린다. 이때의 직급은 일반적으로 **사원급**이다.

입사 후 약 1~2년간 계속 불리며, 전공자는 6개월~1년 정도면 충분하다. 이후에는 단순히 "비서(Secretary)"로 불린다. 기본적인 실무지식과 기능을 갖추고 있고 지시된 업무의 명확한 처리를 할 수는 있으나, 아직 비서의 자유재량은 많지 않아 모든 것을 상사의 확인을 얻은 후 처리할 수 있다.

2) 경력자: 선임비서(Senior Secretary)

입사 후 5년 정도 후에 명명될 수 있고, 선임비서 혹은 중급비서라 불린다. 영어로는 Senior Secretary, Administrative Assistant 등으로 불릴 수 있다. 직급은 **대리, 과장 정도**일 수 있다.

이때는 복잡한 상황에 대응할 수 있을 정도의 실무 지식/능력과 기술을 보유하고 어느 정도 상사로부터 자유재량을 위임받는다. 상사의 업무를 이해하고 보좌업무를 적극적으로 추진해나갈 수 있다.

3) 과장급 이상: 수석비서(Executive Secretary)

입사 후 약 7~10년 이상의 비서가 될 수 있고, Chief Secretary, Executive Secretary, Professional Secretary 정도로 불려지며, 수석비서, 행정보좌인, 상급비서, 감독비서 등으로 불리울 수 있다. 직급은 **과장/부장이상으로 이사, 상무급**도 있다.

이때 여러 명의 비서를 감독할 수도 있으며, 지시 감독도 할 수 있는 지식과 실천력이 있다. 의사소통과 사내외의 업무를 효과적으로 할 수 있으며, 타 부서와의 관계와 인간관계망이 두텁고, 상사의 고도의 특명사항에 대해 재량권으로 수행할 수 있는 능력이 있다.

 Tip!

전문비서라는 말은 비서학 전공자를 의미하는 것은 아니며, 어느 정도 경력을 가지고 있어야만 합니다.
특히 비서의 핵심역량(자질, 태도, 능력, 기술) 등에 탁월하며 조직의 전반적인 관리능력도 필요합니다.

 Career Path

★ Junior Secretary → Senior Secretary → Executive Secretary
★ Office Professional(Office pro), Office Manager

과거

· Executive Secretary
· Receptionist/ Clerk
· Secretary

현재

· Administrative Assistant
· Administrative Office Manager
· Administrative Information Specialist
· Administrative Receptionist
· Desktop Publishing/ Graphics Specialist
· Executive Assistant
· Office Specialist
· Office Professional

비서직 역할의 변화

✓ 기업 구조조정
✓ 기술혁명
✓ 전자사무시스템 출현

팀 보좌하는 비서

과거 고위층 상사 단독 보좌, 비서 : 상사(1:1)

현재
· 다수의 고위층 상사 보좌(administrative assistant) 비서 : 상사(1 : 多)
· '팀비서'로 프로젝트 관리(multifunction, multi-skill, multi player) 업무 수행
· 현대 사회의 비서는
  - 행정지원능력(administative skill),
  - 기술적 능력(technical skill),
  - 팀워크 능력(teamwork skill)이 더욱 요구된다.

2 전문비서의 모델

국내의 전문모델로 꼽히는 최장수 비서는 **대성그룹의 전성희 비서님**과 전직 Bank of America의 수석비서였던 **이금자 비서님** 등이 활동하시고 계신다. 이 분들은 수 십년간 비서직을 수행하면서 비서들이 꼭 갖추어야 할 성품, 지식, 능력, 기술 등을 보여주고 있다.

이 분들의 관련 자료를 찾아보고 전문비서가 갖춰야 역량을 생각해보자.

01 비서 전성희님과 비서 이금자님에 관한 책, 기사, 사이트를 찾아보고 이 분들이 갖춘 전문비서의 요건과 성공요인이 무엇인지 알아봅시다.

또한 이 두 분 이외에 전문비서의 모델이 될 만한 분들을 팀에서 알아봅시다.

3 전문비서의 역량

전문비서가 되기 위해서는 비서로 갖춰야 할 역량이 필요하다. 일반적으로 비서의 역량을 지식, 자질, 기술, 능력으로 구분되며, 이러한 역량을 반드시 개발시켜야 한다. 비서에게 필요한 세부 역량은 다음과 같다.

핵심역량(core competency, 核心力量)

역량	• 어떤 일을 수행하기 위한 능력
핵심 역량	• 경쟁자에 비해 훨씬 우월한 능력
	• 경쟁우위를 가져다 주는 능력
	• 기업의 경우는 보유한 세계적인 수준의 능력과 활동

전문비서는 **핵심역량**이 있다!

✔ 직무지식
✔ 직무기술
✔ 능 력
✔ 자 질

전문비서의 역량

지 식 Knowledge	사무관리능력, 업무관련 지식, 조직의 이해, 회계지식, 타문화 이해
자 질 Attitude	정확, 신속, 기밀, 직업의식, 융통성, 적응력, 인성, 적극성, 충성심, 정직성, 책임감, 자기계발, 전문가
기 술 Skill	외국어능력, 의사소통능력, 컴퓨터활용, 대인관계, 시간관리, 고객봉사
능 력 Abilities	정보관리, 판단력, 문제해결, 위기관리, 기획, 예견성, 의사결정, 보안성

 실무 경험

02 본인이 현재 보유하고 있는 비서의 역량은 무엇이며, 또한 부족한 역량은 무엇인지 알아봅시다. 또한 부족한 역량을 향상시키기 위한 방안을 써보도록 합시다.

4 현대사회에서 요구하는 전문비서상

📋 현대사회에서의 전문비서의 관리역할(Richard G. Ensman)

- ✓ 정보관리자
- ✓ 커뮤니케이션 관리자
- ✓ 계획관리자
- ✓ 정책관리자
- ✓ 인사관리자
- ✓ 재무관리자
- ✓ 홍보관리자
- ✓ 교육훈련관리자
- ✓ 위기관리자
- ✓ 고객관리자

📋 전문비서의 자세

- ✓ 직업의식을 갖춘 비서(비서윤리)
- ✓ 경영자 의식이 있는 비서
- ✓ 상사와 팀을 이룰 수 있는 비서
- ✓ 국제적 감각이 있는 비서
- ✓ 진취적이고 발전적인 비서
- ✓ 상사의 기대를 인지하는 비서
- ✓ 업무처리의 우선순위를 아는 비서
- ✓ 자기계발을 위해 노력하는 비서
- ✓ 신뢰를 받을 수 있는 비서
- ✓ 효율성과 효과성을 지닌 비서
- ✓ 호감을 주는 비서
- ✓ 정보관리능력을 갖춘 비서

5 비서의 분류

IAAP에서는 비서의 명칭을 역할에 따라 다양하게 분류하고 있다. 최근 비서의 역할이 다양해짐에 따라 비서의 명칭이 세분화되고 있는 추세이다. 다음은 세계비서협회에서 규정한 비서와 관련된 직책의 명칭과 직무기술서를 보여주는 자료이다. 이는 우리나라의 비서명칭과 꼭 같지는 않지만 의미가 비슷한 직함을 고려하여 분류하였다.

Glossary of Administrative Support Job Description

(출처: IAAP:www.iaap-hq.org)

1) 개인 상사에 속한 비서의 경우

▶ **Executive Assistant (중역임원 비서) = 경력이 있으며 단독 상사를 모시는 경우**

Performs administrative duties for executive management. Responsibilities may include screening calls, making travel and meeting arrangements, preparing reports and financial data, training and supervising other support staff, and customer relations. Requires strong computer and internet research skills. Also calls for flexibility, excellent interpersonal skills, project coordination experience, and the ability to work well with all levels of internal management and staff, as well as outside clients and vendors.

중역임원비서는 중역임원을 위한 행정업무를 수행한다. 중역임원비서가 맡은 책임에는 전화 스크린, 출장 및 회의 업무 관리, 보고서·금융데이터 준비, 다른 스태프들의 훈련과 감독, 그리고 고객 관련 사항을 다루는 것이다. 상당한 컴퓨터 실력과 인터넷 서핑 실력이 요구 된다. 또한 융통성과 훌륭한 대인 관계 스킬, 프로젝트의 조정 경험, 그리고 조직 외부의 사람들 - 고객과 판매업자들 - 뿐만 아니라 조직 내부의 모든 계층의 경영진과 스태프들과 함께 무난히 일할 수 있는 능력이 요구된다.

▶ **Senior Executive Assistant (선임 중역임원비서/수석비서)**

Duties include those described for the executive assistant but require stronger work experience within each function. Supports the most senior executive, particularly in large corporations. May supervise other administrative staff. Possesses advanced computer skills along with the ability to train others on system usage. A premium paid for specific industry or market experience.

수석비서의 업무는 위의 서술된 선임비서의 업무를 포함하고 있지만, 각각의 기능에 있어서 더 강력한 직무경험을 요구한다. 수석비서는 특히 대기업에서 대부분의 최고중역을 보좌한다. 수석비서들은 다른 행정 직원을 관리 감독 할 수도 있다. 시스템 사용에 관해 다른 직원들을 훈련시킬 능력과 더불어 고급의 컴퓨터 스킬을 소유하고 있어야 한다. 특정한 산업과 시장에서의 경험에 대해서는 프리미엄이 지급된다.

2) 팀 또는 상사의 부서에 속한 비서의 경우

▶ Entry-Level Administrative Assistant (신입 비서/신입 팀비서)

Performs a variety of Internet research functions and uses word processing, spreadsheets and presentation software. Duties also include fielding telephone calls, filing and data entry. May assist with overflow work from administrative and executive assistants, and fill in for the office receptionist as needed.

신입팀비서는 다양한 인터넷 활용 업무를 수행하고 워드 프로세싱, 스프레드 시트 그리고 프리젠테이션과 관련된 소프트웨어를 사용한다. 신입팀비서가 행하는 업무에는 또한 전화 응대 업무와 파일링, 데이터 입력 업무가 포함된다. 신입팀비서들은 비서들과 중역 비서들의 업무를 보조할 수도 있고 필요시에 회사의 리셉션의 업무를 대신 할 수도 있다.

▶ Administrative Assistant (팀비서) = 부서장 비서이면서, 부서원 업무 지원

Performs administrative and office support activities for multiple supervisors. Duties may include fielding telephone calls, receiving and directing visitors, word processing, filing, and faxing. Extensive software skills are required, as well as Internet research abilities and strong communication skills. Staff in this category also may have the title of department assistant, coordinator, or associate.

팀비서는 다수의 상사들을 위한 행정적 그리고 사무 지원의 활동을 수행한다. 책임에는 전화 업무 처리, 내방객 관리, 문서 작성 업무, 파일링, 그리고 팩스 업무 등이 포함될 수 있다. 인터넷 활용 능력과 뛰어난 커뮤니케이션 스킬뿐만 아니라 광범위한 소프트웨어 스킬 또한 요구된다. 이 카테고리에 있는 비서들은 부서 어시스턴트, 코디네이터, 어소시에이트 라는 명칭으로 불릴 수도 있다.

▶ Senior Administrative Assistant (선임 팀비서/수석 팀비서)

Duties include those described for administrative assistant but require stronger work experience within each function. Supports senior level managers and may supervise other support staff. A premium is paid for specific industry or market experience. Advanced computer skills with the ability to train others in system usage is preferred.

선임비서의 업무는 위에 서술된 비서(Administrative Assistant)의 업무를 포함하고 있지만, 각각의 기능에 있어서 더 강력한 직무경험을 요구한다. 선임 레벨의 관리자들을 지원하고 다른 스태프들을 감독할 수 있다. 특정한 산업과 시장에서의 경험에 대해서는 프리미엄이 지급된다. 시스템 사용에 있어서 다른 직원들을 훈련시킬 수 있는 능력과 함께 상급의 컴퓨터 실력이 선호된다.

3) 오피스 매니저인 경우

▶ Office/Facilities Manager (오피스 매니저)

Coordinates various office support services, including purchasing and facilities management. Requires strong communication skills and some accounting knowledge. May include supervision of office administrative staff.

오피스 매니저들은 구매와 설비 관리업무를 포함한 다양한 사무 지원 서비스들을 조정한다. 탁월한 커뮤니케이션 스킬과 약간의 회계 관련한 지식역시 요구된다. 사무 관리 스태프들의 감독 역시 이들의 업무가 될 수 있다.

▶ Senior Office/Facilities Manager (선임 오피스 매니저)

Responsibilities include those described for office manager, but this position requires more extensive experience and management skills. Duties may include selecting office vendors and supervising purchasing processes, directing mailroom and maintenance staff, and coordination of regular building maintenance staff. Solid communication and staff management skills are required, as well as some accounting knowledge.

선임 오피스 매니저의 업무는 위에 서술된 오피스 매니저의 업무를 포함하고 있지만, 이 포지션은 강력한 직무경험과 관리 스킬을 요구한다. 선임 오피스 매니저의 업무에는 판매 상인의 선발과 구매 프로세스의 감독, 우편 수발실의 관리, 그리고 스태프들의 유지 감독과 건물 관리 스태프들의 조정 등이 포함된다. 약간의 회계와 관련한 지식뿐만 아니라 견고한 커뮤니케이션 스킬과 스태프들의 관리 스킬이 요구되어 진다.

4) 경영 각 부문의 어시스턴트인 경우

▶ Human Resources Assistant (HR 어시스턴트)

Responsibilities may include screening telephone calls, scheduling interviews, researching the Internet to locate potential job candidates, scanning resumes, and assisting with planning new employee coordination meeting, compiling materials and maintaining employee database records. Strong computer skills required, as well as sensitivity to confidential matters.

HR 어시스턴트의 업무에는 전화 스크린, 인터뷰 스케줄링, 회사 직무에 가능성 있는 후보자들을 찾아내기 위한 인터넷 조사, 그리고 신입 사원 조정 회의 계획에 대한 지원, 자료 수집과 직원 DB 기록 유지하기 등이 포함 될 수 있다. 기밀 사항에 대한 철저한 보안의식(민감성)뿐만 아니라 강력한 컴퓨터 스킬이 요구된다.

▶ Marketing Assistant (마케팅 어시스턴트)

Duties include those described for administrative assistant, but this position typically supports a marketing department exclusively. May assist both fulltime employees and consulting or freelance staff. Additional duties include assisting with trade show and event planning, creating or updating presentation software files, tracking budgets and expenses, and communicating with external creative service providers.

마케팅 어시스턴트의 업무는 위의 서술된 비서의 업무를 포함하고 있지만, 이 포지션은 전형적으로 마케팅 부서만을 독점적으로 지원한다. 마케팅 어시스턴트는 풀타임 직원과 컨설팅 스태프 또는 프리랜스 스태프들을 지원한다. 부가적인 업무는 무역박람회의 지원과 이벤트 계획, 프리젠테이션 소프트웨어 파일을 만들고 업데이트하고, 예산과 비용을 트랙킹 하고 외부의 서비스 공급자들과 커뮤니케이션 하는 일들을 포함한다.

▶ Sales Assistant (영업 어시스턴트)

Duties include those described for administrative assistance, but this position supports a sales department exclusively. May assist regional sales staff based in remote locations (i.e., not in the central office). Additional responsibilities may include processing expense reports, coordinating the submission of proposals, planning meetings, tracking sales progress, troubleshooting minor technical problems, maintaining department database records, and serving as a liaison between traveling sales representatives and staff based in the home office. Strong computer and organization skills are required.

영업 어시스턴트의 업무는 위의 서술된 비서의 업무를 포함하고 있지만, 이 포지션은 전형적으로 세일즈 부서만을 독점적으로 지원한다. 영업 어시스턴트는 원거리 지역에 기반을 둔 지역 세일즈를 지원한다. 부가적인 업무는 지출 품의서의 프로세싱, 제안서 제출의 조정, 미팅의 계획, 세일즈 진척의 트랙킹, 미비한 기술적 문제의 고장 수리, 부서 DB 기록 유지, 그리고 이동하는 판매 직원과 홈 오피스에서 근무하는 스태프들 사이의 연락망으로서의 역할 등이 포함된다. 강력한 컴퓨터 스틸과 조직 기술력이 요구되어진다.

5) 코디네이터인 경우

▶ Project Coordinator (프로젝트 조정자/코디네이터)

Works with internal and external parties to organize the various components needed to initiate, run and conclude major projects. Duties include coordinating schedules and activities, placing orders for supplies and services, and tracking progress and results. Requires excellent communication skills and extensive knowledge of database and project management software. Often reports to product development, project management or marketing executives. The position is especially prevalent in construction, transportation and technology industries. A premium is paid for the industry experience.

다양한 업무들을 관리하기 위해 내부직원이나 외부 업체들과 일하는 프로젝트 조정자는 주요 프로젝트들을 제안하고 실행하고 포괄할 수 있어야 한다. 프로젝트 조정자의 업무에는 스케줄과 활동의 조정, 물품과 서비스의 주문, 그리고 진척과 결과 추적 등이 포함된다. 탁월한 커뮤니케이션 스킬과 DB와 프로젝터 관리 소프트웨어에 있어서의 높은 수준의 지식이 요구된다. 그리고 생산 개발, 프로젝트 경영진 그리고 마케팅 중역들에게 업무보고를 한다.

▶ Logistics Coordinator (물류 코디네이터)

Responsible for the logistical processing of customer orders, includes coordination with vendors, sales staff, customer service representatives, billing representatives, warehouse and shippers. Arranges shipment of requested items, goods or merchandise. Some background experience in purchasing, inventory control, transportation and warehousing functions is needed. Computer proficiency also is required.

물류코디네이터는 고객 주문의 물류 처리에 있어서 책임이 있다. 이들의 업무에는 상인, 판매 스태프, CS업무 수행자들의 조정, 수행자들·창고·배송직원들에게 청구서를 발송하는 것들이 포함된다. 요청받은 아이템이나 상품 또는 물건들의 배송을 조율 한다. 구매와 재고관리, 운송 그리고 창고 관리 분야에 있어서 약간의 연관된 백그라운드 경험이 필요로 되어 진다. 능숙한 컴퓨터 실력 역시 요구된다.

▶ Front Desk Coordinator (프론트 데스크 코디네이터)

Manages the company's lobby area. Greets and directs all visitors, including vendors, clients, job candidates and customers. Ensures completion of paperwork, sign-in and security procedures. Handles special administrative projects, as well as overflow work from department and executive assistants. Depending on the size of the firm, also may answer incoming calls.

프론트 데스크 코디네이터는 회사의 로비를 관리한다. 상인, 고객, 직무 후보자들, 그리고 고객들을 포함한 모든 방문객에게 인사하며 안내를 돕는다. 서류 작업을 확실하게 하고 방문객으로 하여금 기록카드에 사인하게 하는 등의 보안 절차를 거치게 한다. 부서와 중역 비서의 과부하 걸린 일 뿐만 아니라 특별한 행정적 프로젝트 또한 처리한다. 회사의 규모에 따르며 또한 걸려오는 전화를 응대할 수도 있다.

6) 컴퓨터 문서관련 전문가

▶ Presentation/Graphics Specialist (PT/그래픽 전문가)

Duties include using presentation software programs (such as Microsoft PowerPoint) to create presentations for meetings and events. Also may edit material and provide basic instruction to presenters on how to use a particular program.

PT/그래픽 전문가의 업무는 회의와 이벤트를 위해 PT를 만들어 내는 마이크로소프트사의 파워포인트와 같은 PT 소프트웨어 프로그램을 사용하는 것을 포함한다. 그리고 또한 자료를 편집하고 발표자들에게 특정 프로그램을 사용하는 방법에 대한 기본 지침을 제공해 줄 수도 있어야 한다.

▶ Imaging Specialist (문서이미징 전문가)

Sorts and prepares documents for imaging correctly and accurately indexes images. Must have knowledge of document imaging/scanning hardware and software, and experience creating electronic copies of documents. Strong computer skills, including experience with Microsoft Office and document creation software such as Adobe Acrobat, are required.

올바르게 이미징하기 위해 문서를 분류하고 준비하고 정확하게 이미지 색인을 달아준다. 반드시 문서 이미징/스캐닝 하드웨어와 소프트웨어의 지식을 가지고 있어야하며 전자 문서를 만들어 본 경험이 있어야 한다. 마이크로 오피스와 Adobe Acrobat과 같은 문서 창조 소프트웨어를 사용해본 경험을 포함하여 강력한 컴퓨터 스킬이 요구되어 진다.

7) 사무관련 업무

▶ Receptionist (리셉셔니스트)

Greets visitors, handles incoming calls and performs general administrative duties. Also may assist other administrative staff with overflow work, including word processing, data entry and internet research tasks.

방문객과 인사를 나누며 걸려오는 전화를 처리하고 일반적인 행정적 업무를 수행한다. 또한 다른 행정직원의 업무가 과부하 걸릴 때 워드 프로세싱과 데이터 입력 그리고 인터넷 조사 업무 등을 도와주는 역할을 한다.

▶ Office Assistant (사무 보조원)

Performs basic clerical tasks. Operates basic office equipment. Sorts and routes incoming materials. May require computer and data entry skills.

사무보조원들은 기본적인 사무 업무를 수행하고 기본적인 사무 장비를 작동하며 내부로 수신되는 자료들을 분류하여 이송한다. 컴퓨터스킬과 데이터 입력스킬이 요구된다.

▶ Mail Assistant (우편물 수발신 보조)

Sorts and distributes incoming and outgoing mail. Operates manual and electrical mailing equipment. Position usually found in larger companies.

내부로 수신되거나 밖으로 보내지는 편지들을 분류하고 배포한다. 매뉴얼과 전기 우편 장비를 다룬다. 이 포지션은 조직의 규모가 큰 회사에서 갖추고 있다.

▶ File Clerk (문서 정리원)

Performs basic clerical tasks, such as systematically arranging letters, memoranda, invoices and other indexed documents according to an established system. Operates office equipment and completes general office work. Sorts and distributes mail. Required proficiency in basic word processing, spreadsheet and database programs. Additional duties may include answering telephones and some data entry.

기존의 시스템에 따라 편지, 메모, 송장 그리고 다른 서류들을 시스템적으로 정리하는 일과 같은 기본적인 사무 업무를 수행한다. 사무 장비를 작동하고 일반적인 사무 작업을 마무리한다. 편지를 분류하여 배포한다. 기본적인 수준의 워드 프로세싱, 스프레드 시트 그리고 DB 프로그램의 실력이 요구 되어 진다. 부가적인 업무에는 전화 응대 및 약간의 데이터 입력이 포함될 수 있다.

▶ Data Entry Specialist (데이터 입력 전문가)

Inputs information from a variety of sources into a computer database. May take customer orders and enter them into a pre-established tracking system.

다양한 소스로부터 컴퓨터 DB에 정보를 입력한다. 고객 주문을 받고 그 주문들과 관련한 사항들을 미리 만들어진 추적 처리 시스템에 입력할 수도 있다.

▶ Senior Data Entry Specialist (선임 데이터 입력 전문가)

Prioritizes and batches material for data entry. Completes information analysis for procedures and reports. Requires knowledge of technical material and the ability to train and supervise others. Capable of high volume data entry.

데이터 입력을 위해 우선순위를 정하고 자료를 일괄처리를 위해 함께 묶는 일을 한다. 절차와 보고를 위한 정보 분석을 마무리 한다. 기술적 자료에 대한 지식과 다른 이들을 훈련시키고 감독하는 능력이 필요하다. 많은 양의 데이터 입력을 수행할 수 있다.

8) CS관련 업무

▶ **Customer Service Representative (CS 상담원)**

Duties include receiving and placing telephone calls. Maintains solid customer relationships by handling their questions and concerns with speed and professionalism. Performs data entry and uses software programs. Also may require research skills to trouble shoot customer problems. Excellent communication abilities are essential.

CS상담원의 업무로는 전화를 받고 거는 것이 포함된다. 고객들의 질문과 걱정들을 그리고 전문적으로 처리함으로써 고객과의 견고한 관계를 유지해주는 역할을 한다. 데이터 입력을 수행하고 소프트웨어 프로그램을 사용한다. 또한 고객 문제를 해결하기 위한 리서치 능력이 요구될 수 있다. 뛰어난 커뮤니케이션 능력 역시 필수적이다.

▶ **Customer Service Manager (CS 매니저)**

Hires, trains and manages member of the customer service department. Resolves difficult issues regarding client complaints and other matters. Works closely with managers in other departments, such as sales, on updating policies and procedures for client services.

고객 서비스 부서의 직원들을 고용하고 훈련시키며 관리한다. 고객 불만사항과 다른 문제와 관련된 어려운 이슈들을 해결한다. 판매부와 같은 다른 부서들의 부서장들과 함께 고객서비스를 위해 업데이팅 정책과 고객 서비스에 대해 긴밀히 일한다.

▶ **Senior Customer Service Representative (선임 CS 상담원)**

Duties include those described for customer service representative but require stronger work experience for each function. Additional duties may include proactive communication with customers and client via telephone, e-mail, or regular mail; managing database records; drafting status reports on customer service issues; and supervising staff.

선임 CS 상담원의 업무는 위의 서술된 CS상담원의 업무를 포함하고 있지만, 이 포지션은 각 기능에서 더 강력한 직무 경험을 요구한다. 부과적인 업무에는 전화, 이메일, 또는 일반 메일을 통해 고객과의 상황을 앞서서 주도하는 커뮤니케이션, DB 기록 관리, 고객 서비스 문제에 대한 상황 신술서의 초안 잡기, 그리고 직원들은 관리 감독하기 등이 포함된다.

출처: International Association of Administrative Professionals (IAAP)

03

1) 선배 또는 현직 비서에게 전화를 걸어, 직함이 무엇이라고 되어 있는 지, 또한 비서의 분류 중(p. 54~6) 어느 경우에 속하는지 알아보자.

2) 또한 신입비서 및 경력비서를 찾아서 경력에 따른 비서명칭에 변화가 있는 지 알아보자.

6 전문비서의 형상화

전문비서로 성장하기 위한 예비비서인에게는 다짐 및 각오가 필요하다. 각 팀에서 **'전문비서는 OOOO이다'**라는 명제를 세우고 꼭 필요한 자질들을 생각해보는 시간이 필요하다.

다음의 예들을 살펴보자.

예제 1 전문비서를 사과나무로 생각하고 사과나무의 성장과정을 비서직의 특성 및 비서의 자질과 대비시킨 내용이다.

전문비서는 사과나무다!

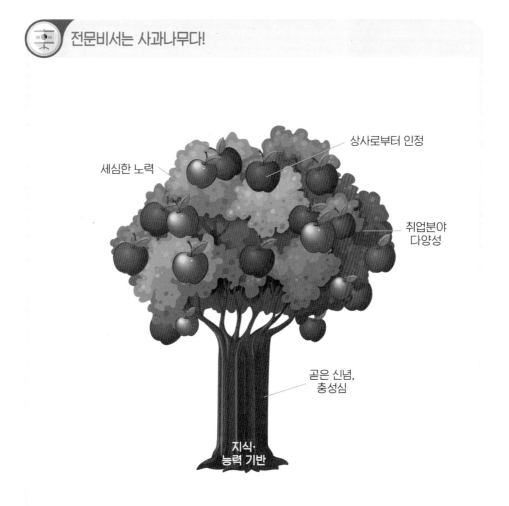

예제 2) 전문비서를 요리로 비유하여 요리의 특성과 요리과정, 요리결과물을 전문 비서의 특성으로 상징화 시키고 있다.

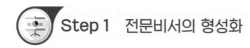 **Step 1** 전문비서의 형성화

 요 리

요리를 하기 위해서는 요리에 들어갈 재료와 요리 방법이 나와있는 레시피가 필요하다.

 **Step 2** 전문비서의 형성화

얼마나 끓었는가?

취업을 통한 사회경험

요리되는 과정

쌓여가는 경험과 전문지식
넓은 대인관계와 사회경험
능률성 향상
상사와의 신뢰감 형성 등

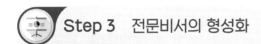

Step 3   전문비서의 형성화

재료는
비서에게
필요한
기본지식,
자질, 책임감,
신뢰, 자부심,
자기개발 등

Step 4   전문비서의 형성화

예를 들면? 사골곰탕!

많은 과정을 통해
맛있는 요리가 되며,

"좋은 재료가
최상의 음식을 만든다."

전문비서는
"많은 지식, 경험, 노력이
최고의 비서를 만든다."

경험과 전문지식, 넓은 대인관계로 인해
맛있는 요리가 되는 듯, 재료의 일부분만
가지고 있었던 초급비서는 깊고 구수한
맛을 내는 전문비서가 되는 것!

04 우리 팀이 생각하는 바람직한 전문비서상은 무엇인지 알아봅시다. 또한 전문비서를
이미지로 형상화해 봅시다.

비서의 고민게시판

아, 이럴 땐
어떻게 해야 할까요?

고민 ❷

안녕하세요. 저는 비서라고 말하기도 부끄러운 일주일 된 완전 초보비서입니다. 전공자도 아닌데 갑자기 비서가 되어서 막 졸업하고 바로 이 곳으로 취직을 하게 되었어요. 이 곳에 와보니 전임비서도 없고 바로 사장님의 비서가 되었답니다. 일한지는 일주일 되었어요.

오늘은 외부손님이 음료수를 사가지고 오셔서 저희 상사께 드리라고 했는데 저는 어떻게 해야 하나요? 말씀을 드려야 할지, 거절을 해야할 지, 아니면 손님과 계실 때 함께 드려야 하는 지 하나도 모르겠습니다.

그리고 사장님께서 업무를 보시다가 중간 중간에 나오십니다. 전 가만히 앉아 있어도 되나요? 아니면 일어나야 할까요? 또 어디를 보고 있어야 할까요? 도무지 알 수가 없네요. 제게 조언을 부탁드립니다.

고민사례연구

· 고민 2의 초보비서의 문제점은 무엇이었을까요?

· 손님의 선물은 어떻게 처리해야 하며, 상사가 나오시면 어떻게 해야 할까요?

· 고민2의 비서에게 조언을 해줄 수 있는 말을 적어봅시다.

03

조직 속 비서위치 알기

조직과 조직구조의 중요성과 조직구조를 통해 알 수 있는 내용을 파악해보며, 조직 안에서의 비서의 위치에 대해 알아 보자.

1 조직 이해의 중요성

- 비서는 모든 조직으로 진출할 수 있다! ▶ '조직특성'의 이해 필요!
- 비서는 상사가 업무 파트너이며 상사를 지원한다! ▶ '상사의 업무'에 대한 이해 필요!

일반적으로 비서는 조직 안에서 상사와 업무파트너로 일하고 있다. 대부분의 상사들은 조직의 최고경영층에 위치하며 비서의 지원을 받고 있는 때문에, 비서는 그 누구보다도 조직에 대한 이해가 필요하다. 특히 **조직의 전반적인 이해 및 특성, 상사의 조직 내 위치 및 책임과 권한, 그리고 비서자신의 위치에 대한 정확한 이해**는 비서 업무의 전제조건이다.

2 조직의 특성

조직은 **공동의 목적을 가진 협동의 장, 직책과 권한의 존재, 규칙과 규율의 존재, 팀웍이 필요하다**는 일반적 특성을 갖는다. 상사와 파트너로 일하는 비서는 조직의 전반적인 특성과 성격에 대해 누구보다도 잘 알아야 상사를 효율적으로 보좌할 수 있다.

✓ 비서의 숙지사항

- 회사의 연혁
- 회사의 현황
- 조직원으로서의 규범
- 상사에 대한 이해

입사 후 바로 위에 대한 사항을 바로 익혀야 한다!

 조직의 이해

취업을 위해 면접을 가기 위해서도 꼭 알아야하는 사항

비서가 알아야 할 회사의 개요: 연혁, 현황, 조직원의 규범

 연혁
- 창립년월일, 설립자
- 중요변천사
- 경영이념, 사훈

 현황
- 최고경영자 이름 및 경력, 종업원수
- 자본금, 자사제품 지식 및 판매액
- 조직도, 해외지사 및 공장소재지
- 주요 거래처 및 은행, 회사의 주요행사(창립일)
- 주요 경쟁사

 규범
- 각 부서의 행사, 업무규정에 따른 규약 및 사무절차
- 급여체제와 승급제도, 복지후생 시설 및 조합 활동사항
- 기타 취업규칙에 관한 사항

 조직과 비서

✓ 비서는 조직에 대해서 왜 잘 알아야 할까?
- 이유를 써보자.

 회사조직의 특성
- 공동의 목표 역할의 분담, 상호의존관계
- 직장의 의의
- 프로정신
- 비서의 숙지사항: 회사의 연혁, 현황, 조직원의 규범, 사무기기조작법

3 조직의 구조

조직은 **수직/수평분화의 이원적 조직이다.** 즉 조직 공동의 목표아래 조직원의 역할 분담 및 상호의존 관계가 성립된다. 비서는 자신이 속한 조직의 구조 및 특성, 각 부서 및 계층의 구성을 이해해야 한다.

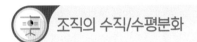 조직의 수직/수평분화

✔ **조직은 다양**(단순→복잡)**, 기업 규모가 커지고 종업원수 증가하면 계층이 필요**

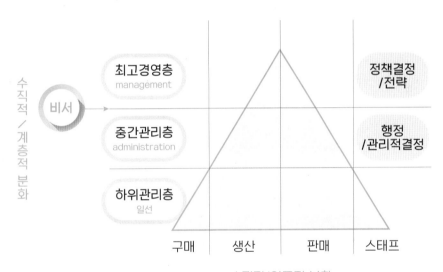

05 실제 조직(일반기업 또는 정부기관을 포함한 공기업)을 하나 선정한 후, 조직의 구조 및 연혁, 현황 등 조직의 전반적인 사항에 대해 알아보자.

4 최고경영층의 이해

비서는 상사, 즉 **최고경영층의 업무파트너이자 지원자**이다. 따라서 최고경영층의 역할과 권한과 책임을 이해해야 한다.

 최고경영층과 비서

✓ 비서는 상사에 따라 업무의 내용이 다양

✓ 의료비서, 법률비서 등 비서직도 전문화
  ▸ 비서는 최고경영층의 역할과 기능을 이해해야 효율적인 업무수행이 가능

✓ 최고경영자의 역할
  ▸ 이해관계자에 대한 역할
    • 이해관계자: 소비자, 주주, 경쟁기업, 구매처, 채권자지역사회, 종업원, 정부/지방자치제
  ▸ 조직내 운영상 최고 경영자의 역할
    • 대인관계적역할
      – 대표자/지도자/동기부여자: 의무적 업무(결재, 고용, 훈련)
  ▸ 정보전달자 역할
    – 전달자/전파자/대변자: 조직의 중추신경(정보)
  ▸ 의사결정적 역할
    – 기업가/자원분배자/중재자: 전략결정

06 앞에서 조사한 조직의 최고경영자에 대해 알아보도록 하자.

5 조직도표

조직의 구조를 잘 알 수 있는 도구가 바로 **조직도표**(Organizational chart)이다. 즉 비서는 조직도표를 입수하여 책상 위 유리 밑에 놓고, 조직에 대한 이해 및 조직구조, 주요 구성원들에 대한 내용을 파악할 수 있다.

조직도표를 통해 알 수 있는 사항은 **조직의 사업성격, 권한의 관계, 명령의 전달통로, 커뮤니케이션통로, 각 부서간의 관계, 상사의 위치, 승진통로** 등이 한눈에 알 수 있다. 비서는 이러한 조직구조 안에서 효과적으로 상사를 보좌하고 커뮤니케이션 통로로 존재한다.

 공식조직

우리나라의 공식조직에 대해 잘 알 수 있는 방법?

✔ **Organizational Chart의 중요성**

- 조직내부 구조에 대한 청사진
- 권한/명령체계, 의사전달 계통, 업무/서류 흐름, 승진체계, 조직의 사업성격, 부서간의 관계
- 비서 책상에 펼쳐 있어야
- 편람, 홈페이지, 회사 소개서 등

✔ **비서의 위치**

- 사장실, 비서실, 총무부, 기타 소속(상사와 같은 부서)

Tip!

비서는 공식조직의 이해 뿐 아니라, 상사와 관련된 비공식조직에 대한 내용도 효율적 업무 지원을 위해 알아 두어야 한다. 즉 상사의 학연, 지연, 혈연, 친분에 대한 이해가 필요하다.

일반 기업의 조직도 사례

토 목 ─ 토 목 부
토목영업부

건 축 ─ 건 축 부
전 기 부
설 비 부
건축기술부
건설연구소

사장 부사장 ─ 감 시 팀

영 업 ─ 업 무 부
해외영업부
청구영업부
영업관리부
개발1부
개발2부
주택영업1부
주택영업2부

관 리 ─ 총 무 부
재 정 부
회 계 부
공사관리부
구 매 부
경영정보부
품질안전부
철구/중기

플랜트 ─ 사업관리부
플랜트영업부
프로세스부
기 계 부
전계정부
배 관 부
플랜트토건부

※ 비서실이 조직도 안에 표시되기도 하지만, 공개적인 대외적 조직도표에는 비서의 위치는
  찾을 수 없기에, 사내 조직도표 상에서 확인해야 한다.

6 조직에서의 비서 위치

조직에서의 비서위치는 **다양**하다. 즉 같은 조직 내의 비서라 하더라도, 비서의 위치는 모두 다를 수 있으며, 비서가 속할 수 있는 위치는 **비서실, 임원부속실, 사장실, 또는 기획부, 인사부, 총무부** 등이 될 수 있다. 팀비서인 경우는 각 부서안의 부서장(또는 팀장)의 비서역할을 수행함과 팀원을 지원하는 역할하므로 **소속 부서**에 속한다.

일반적으로 비서가 **인사부, 총무부, 임원부속실**인 경우에는 비록 물리적으로는 상사와 함께 독립적으로 일을 수행하고 있어 부서원들과의 교류가 별로 없어도 **각 부서의 부서장들이 비서의 상사**임을 잊지 말아야 한다.

✅ 비서의 역할

- 상사 지원 및 보좌
- staff으로서의 조언자
- 갈등관리자
- 커뮤니케이션 통로

 비서의 유형

✓ 소속에 따른 유형

1) 개인에 소속된 비서(1:1)
2) 비서실에 소속된 비서(그룹비서 · 공동비서, 1 : 多)
3) 팀에 소속된 비서

✓ 전문분야에 따른 유형

1) 기업비서   2) 공공기관비서   3) 교육기관비서
4) 의료비서   5) 법률비서   6) 회계비서
7) 종교기관비서   8) 정치비서   9) 기타(대형학원, 기획사 등)

✓ 상사의 수

- 한 명의 상사를 지원하는 경우(사장비서)
- 2명 이상의 상사를 지원하는 경우(법률회사비서)
- 팀 비서(상사 1, 부서원 지원)

비서는 일반부서(인사, 총무)소속으로 비서실에서 근무하는 형태가 일반적

팀과제

07 실제 기업을 선정하여, 조직에 대해 알아보자. 해당조직을 탐방하여 조직도표, 조직구조, 규모, 연혁 등 비서의 숙지사항에 대한 조사를 실시하며, 조직도 상의 비서의 위치를 찾아서 설명해보자.

조직분석의 필요내용

다양한 조직 탐방

✓ **조직탐방** (어떤 조직을 선정할 것인가? 비교할 것인가? 이유)

✓ **자료구입** (contact point명함, 주소, 인터넷사이트, 각종 소개책자)

✓ **조직분석**
- 사훈, 연혁, 규모: 종업원수, 매출액, 점유율, 동종순위, 경쟁사, 그룹사
- 어떤 조직인가 (조직의 형태 이해): 경영학, 비서학 책 등 참고서적을 참조

✓ **비서의 소속찾기** (조직내 비서수, 비서의 실제 위치 및 부서 내위치, 명함)

✓ **조직도표 분석** (기밀, 대내용/대외용, 부서용, 전화번호부 등)

1. 조직을 탐방하여 분석해보자.
2. 조직에서 비서의 위치는 어디일까?

비서의 고민게시판

아, 이럴 땐
어떻게 해야 할까요?

고민 ❸

안녕하세요. 2개월 된 새내기 비서입니다.

저는 사장님 비서인데요, 총무팀에서 간섭이 무척 심해요. 상사일정업무에 대해 비밀로 해야 하는데 총무팀장은 항상 저보고 보고 하라고 하시네요. 학교 때 배운 바로는 비서는 비밀유지를 위해 상사일정은 비서만 알고 있어야 하는 것 아닌가요? 이런 제 생각을 총무팀장에게 어떻게 말해야 할지··· 총무팀장은 왜 그러는 걸까요? 또한 저는 어떻게 해야 하나요?

고민 ❹

저는 벤쳐기업의 사장님의 비서겸 사무직으로 채용되어 3달되었습니다. 저희 사장님은 OO전자 상무님이셨다가 현재 회사의 사장님이 되셨습니다. 저희 사장님은 성격은 좋으신데 제가 보기에는 저를 비서로 생각 안 하시는 것 같아요. 저는 비서학을 전공했고 이 회사 오기 전에 다른 회사의 사장님 비서경력도 있어 어느 정도 비서일을 잘한다고 생각하고 있거든요.

하지만 사장님께서는 저에게 스케줄도 전혀 말씀도 안 해주시고 아무 일도 안 시켜주시고 저는 단지 전화연결과 손님 대접만하고 있답니다. 가끔 약속장소를 잡기는 하지만··· 저는 사장님께서 일을 시켜주시면 잘 할 수 있을텐데··· 전 어쩌면 좋을까요?

고민사례연구

- 고민 3/4의 비서의 문제점은 무엇일까요?

- 두 비서에게 어떤 말을 해 줄 수 있는 지

- 팀활동을 통해 조언을 해줄 수 있는 말을 적어봅시다.

04

전문분야에
따른
비서 요구상

학습목표 각 조직의 분야마다 요구하는 비서의 인재상을 알고,
본인이 진출하기 원하는 분야의 인재상에 맞추도록 준비한다.

1 일반 기업의 비서 인재상

모든 조직에는 비서가 존재한다. 기본적으로 비서에게 요구되는 인재상은 비슷하다.
즉, 조직에서 요구하는 **기본적인 비서 인재상은 아래와 같다.**

✅ 기본적인 비서 인재상

- 정직성/충성심, 밝은 이미지, 긍정적인 성격, 비서의 업무지식, 커뮤니케이션
  능력, 경영지식 및 회계지식, 컴퓨터 활용능력, 사무관리능력

단지 **업종별로 차이가 있을 수는 있고, 기업의 규모나 상사의 업무내용에 따라**
비서의 업무의 빈도가 차이가 날 수 있다. 예를 들면 상사가 마케팅 전무님이신 경우에는
마케팅 업무가 많을 수 있으며, 출장업무나 회의업무의 빈도가 많을 수 있다. 마찬가지
로, 금융계 기업의 비서에게는 금융관련지식 및 회계지식 등이 더욱 요구된다.

기본적인 인재상 이외에 추가로 강조되는 비서의 요구사항을 알아보자.

전문분야별 비서에게 강조되는 능력

전문분야별 비서	강조되는 요구사항
일반기업비서	• 밝고 예의바른 태도, 경영 및 회계지식, 영어 • 중소기업의 경우는 비서실무능력이 보다 강조 • 업종에 따른 지식이 있으면 우대
공공 및 행정기관 비서	• 비서의 능력보다는 업무처리 및 사무능력강조 • 국가 행정기관에 대한 지식 요구 • 비서자격증 요구
국회의원 보좌직	• 업무능력, 행정능력, 자료 배포능력 강조 • 기획능력, 정보검색능력, 동영상제작능력 강조 • 기밀성 강조
법률비서	• 기밀성, 차분함 강조 • 영어회화, 문서작성/관리능력, 컴퓨터활용능력 • 탁월한 영어실력, 법률지식 필요
회계비서	• 탁월한 영어실력 • 회계지식 보유 필요, 컴퓨터 활용능력 • 문서작성 및 문서관리능력
교육기관비서	• 행정기관에 대한 이해 • 자료검색능력 및 자료 작성능력 • 일정관리 능력
의료기관비서	• 의료기관에 대한 이해 • 자료검색능력 및 자료 작성능력 • 최근 코디네이터분야(컴퓨터능력/DB유지능력)
종교비서	• 투철한 신앙심 • 종교에 관한 지식, 자료정리능력 • 일정관리 능력
외국기업 또는 외국인비서	• 외국어 자격시험 고득점(영어/일어/중국어 등) • 면접시 회화 실력 테스트
기타 분야	• 업종에 따라 요구되는 인재상이 차이가 있다.

08 본인이 가고 싶은 조직이나 관심이 있는 조직의 구인광고란을 찾아 비서의 요구조건을 분석해보자. 이때 관련기업 싸이트나 신문광고, 헤드 헌팅 업체 등 여러 곳의 구인광고를 찾아보자.

비서직 진출준비와 면접실무

비서직
진출하기

Chapter 03

비서직 진출하기

01

포트폴리오 작성

학습목표

비서직 또는 사무직 진출을 위한 포트폴리오(portfolio)에 대한 이해를 하고, 본인의 역량과 자격을 효과적으로 표현할 수 있는 포트폴리오를 작성해보자.

1 포트폴리오(Portfolio)

✓ Check!

취업을 위해 본인의 성취여부를 증명할 수 있는 제반 서류를 마련하여 투명 바인더에 끼워놓은 것을 포트폴리오라고 한다. 이는 자신의 능력 및 성과 즉, 프로젝트 과제, 훈련, 기술 등으로 분류하여 자신이 가지고 있는 전문 기술, 능력에 대한 **객관적인 증거자료**로 활용한다.

 Portfolio

✓ 의미

- **재무**: 분산투자, 금융상품구성, 한 회사의 투자자산 구성, 위험줄이고 이익확대 목적
- **마케팅**: 한 회사의 판매 상품, 서비스, 혹은 브랜드 집합, 상품의 다양성과 균형
- **디자인, 건축**: 작품사진, 설계도면 모음집
- **정치**: 대통령이나 장관의 정책 아젠다
- **대학**: 직업활동과 관련하여 개인이 작업한 실제 작품이나 활동을 보여주는 수단으로 지식, 기술, 성과 등을 포함

✓ 어원

- 이탈리아어 'portare'(나르다) + 'foglio'(종이): 종이를 나르는 것, 종이폴더, 가죽서류 가방을 의미 → **"선별적이고 의도적인 작업물의 집합"**

 Portfolio

✓ **발 달**

• 클리어화일, 스크랩북 → 컴퓨터 전자매체 웹 등을 기반으로 cd-rom, DVD, website 등으로 역동적 포트폴리오로 발전

✓ **종 류**

• 스크랩: 학습관련작품으로 지속적이고 체계적인 작품 모음 집
• e-portfolio: 전자 미디어와 서비스를 이용한 웹을 기반으로 하는 정보관리시스템

2 포트폴리오의 준비

비서직 또는 사무직 진출을 위해 각종 사무기기와 소프트웨어를 사용하여 본인이 갖추고 있는 비서직에 관한 **기술, 자격, 성과 등을 일목요연하게 정리**하여 취업을 위한 준비도구를 만들어야 한다. 따라서 포트폴리오의 틀을 만들고, 관련된 내용을 효과적으로 끼워 넣어야 한다. 전공자의 경우, 교과과정을 통하여 작업한 내용을 포트폴리오의 틀 안에 넣어 활용하고, **지속적으로 갱신**을 하여 취업을 위한 전략적인 자료로 활용해야 한다.

또한 **취업 후**에도 본인의 업무 수행 시, 작업했던 내용을 추가하면 추후 재취업의 자료로 훌륭하게 사용될 수 있다.

3 포트폴리오의 구성

목 차	내 용
취업 관련 서류	국문/영문 이력서, 자기 소개서(국/영/일 중 언어구사가 가능한 외국어 이력서)
훈련 및 교육 증명서	성적 증명서, 재학 증명서, 졸업 증명서, 교육경력에 필요한 자료나, 훈련 받은 컴퓨터나 어학 교육 증명서
각종 프로젝트	본인이 고안한 서식, 팩스커버, 일정표 등 실무내용에 관련된 여러양식(Business Forms)과 사설 및 기사 스크랩, 영어문서 견본, 사무자동화 실습 내용 중의 Sample들
기술 자격증	토익, 토플, 각종 외국어 활용능력 및 워드 자격증, 비서자격증, 전산회계 자격증, 운전면허증 등의 각종 증명서의 사본
기 타	자신의 신조, 쉬어가는 page, 비서의 신조, Home page 등

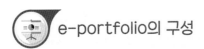 e-portfolio의 구성

대분류	중분류	작업예시물(artifacts)
개인정보 및 취업관련서류	개인정보	이름, 사진, 연락처, 경력목표, 직업 가치관 등
	취업서류	국/영문이력서, 국/영문자기소개서, 성적증명서, 졸업(예정)증명서
자격증/공인시험 (스캐닝)	자격증	비서자격증, 워드, PCT, MOS 기타
	공인어학시험	TOEIC, TOEFL, 일본어능력시험, 중국어능력시험, 기타
사무기술 및 능력	문서작성능력	대표적인 영문서/국문서, 리포트, 서한문 기타
	프리젠테이션/자료제작	기획 PPT, 자료제작 등
	프로젝트 관리	졸업작품전, 비디오 영상물 제작, 기타
	탁상출판	뉴스레터, 홍보물, 책자 등의 과제물
	엑셀	재무제표, 도표 등
	그래픽(포토샵 등)	과제 실습 작품
	비서실무작업물	일정표, 메모지, 초청장 등 고안한 서식들
경력 및 과외활동	경력관련 경험	인턴쉽 이수증, 사무 보조 등
	타문화 경험	교환학생, 배낭여행, 어학연수 등
	과외활동	교내외 활동, 취미/동아리 활동
	자원봉사	사회봉사 이수증, 사진, 책자 등
포상/추천서	우수장학금	성적우수 장학금, 장학재단 장학금 수여사실
	추천서	회사의 상사, 교수, 지역사회 지도자로부터 받은 추천서
	감사장, 표창장	감사편지, 공로패 등
기타	신조 및 목표	본인의 신조 및 목표와 관련된 자료들

4 포트폴리오의 작성법

❶ 파일을 준비 → ❷ 목차를 설정 → ❸ 각 파트마다 첫 장에 목차 기입 →
❹ 전체 포트폴리오 형식(form)을 결정 → ❺ 형식 안에 내용을 정리

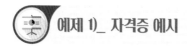 예제 1)_ 자격증 예시

✔ **컴퓨터 관련 자격증 : 워드 프로세서 2급**

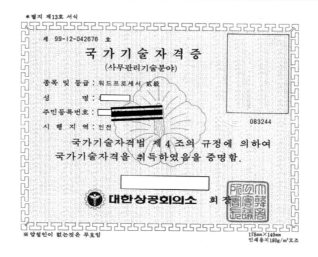

✔ **비서직 관련 자격증 : 비서 2급**

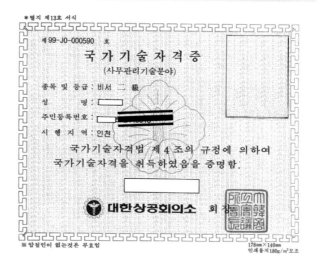

▶ 작성요령

포트폴리오는 자신의 능력과 기술을 보여주기도 하지만, 본인의 OA실력도 보여줄 수 있다. 따라서 **전체적인 형식**(format)**을 갖추어 제작**하는 것도 필요하다.

다음의 실제 학생이 만든 포트폴리오를 직접 살펴보고 각자 **본인의 스타일**에 맞는 포트폴리오를 제작해보자.

〈제작단계〉

Step 1 **표지를 제작한다.**

전체적인 포맷에 맞는 색상과 로고 등을 결정하여 일관성있게 만든다.

ahn yu won's portfolio

안유원의
PORTFOLIO

○○대학 비서학과

Step 2 목차를 제작한다.

목차를 제작할 때는 가장 큰 주제(section)를 먼저 정하고 각
주제에 맞는 하위 제목(chapter)들을 일목요연하게 정리한다.

Step 3 섹션과 챕터 페이지를 제작한다.

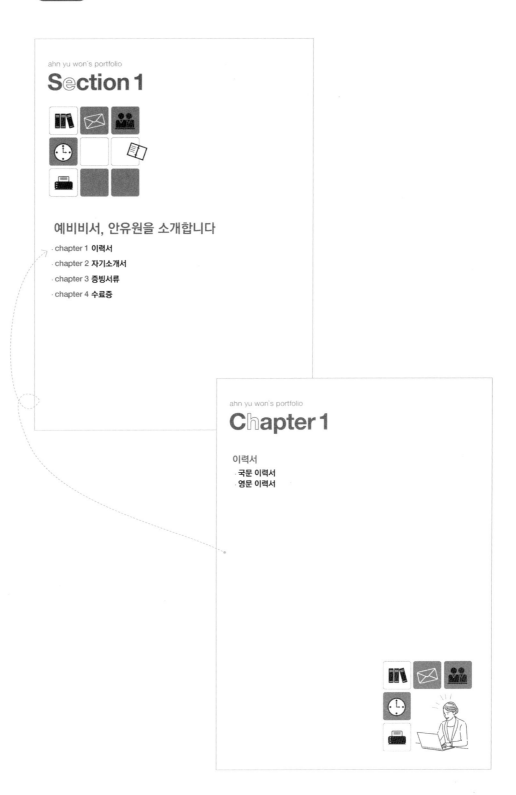

Step 4 본문 틀(format)을 정하고 내용을 넣는다.

직접 제작한 본문 형식틀

기안문

a draft document

대한자동차공업협동조합

수신자 수신자 참조 (총무부장)
(경유)
제목 제40회 정기총회 개최 안내

   1. 귀사의 무궁한 발전을 진심으로 기원합니다.
   2. 당 기관에서는 제40회 정기총회를 개최합니다. 업체 대표께서는 바쁘시더라도 필히 참석하여 주시기 바랍니다. 조합원 대표께서 부득이한 사정으로 참석하지 못할 경우에는 대리참석이 가능합니다. 또한 사전 자료 배포를 위하여 참석자 확인이 필요하오니 본 공문을 받는 즉시 조합에 미리 알려 주시기 바랍니다.
   3. 다음을 참조하시어 많은 업체 대표 여러분의 참여를 부탁드립니다.

다   음

   가. 총회일시 : 2009.02.26(목) 10:00 - 14:30(오찬포함)
   나. 장   소 : 센트럴시티호텔 25층(체리홀 / ☎ 6282-2000)
   다. 회   순 : 별첨 참조
   라. 기   타
     1) 대리인 참석 시 별첨 '위임장'을 총회 당일 접수창구에 제출 바람.
     2) 정기총회 종료 후 오찬 및 기념품 제공함.
     3) 총회 당일 행사 시작시간 20분 전까지 착석 바람.
     4) 참석여부 : 관리운영팀 장미선 대리(☎ 587-0014)
붙임 1. 정기총회 회순 1부.
    2. 위임장 1부.
    3. 회의장 약도 1부. 끝.

대한자동차공업협동조합이사장

수신자 대림자동차, 한일모터스, 한라공조, 현대모비스, 대원산업, 동양기전, 평화산업.

대리 안유원   이사 이준근   전무 전결 이만철
협조자 기획조사팀장 한갑수
시행 관리운영팀-14(2009.02.10)   접수
우 131-032 서울 서초구 서초동 1638-3   / http://www.daps.org
전화 (02)777-0303   전송 (02)777-2425   / ahnyuwon@gmail.com   / 공개

기안문 작성한 샘플을 보여줄 때도 본인이 제작한 본문 형식틀(form)을 이용하여 문서내용을 삽입한다.

Step 5 목차순서에 의한 내용물을 넣는다.

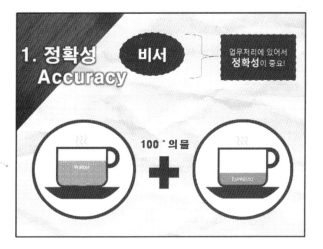

발표자료제작 샘플을
보여줄 때도 본인이 제작한
본문 형식틀(form)을
이용하여 문서내용을
삽입한다.

회의록

a meeting minutes

회의일시		부서		작성자	
회의장소		비고			
참석자					

회의안건	1.
	2.
	3.

회의내용	내용	비고

결정사항	내용	진행일정

특이사항	

이와 같이 모든 내용을 본인이 제작한 형식틀 (form)에 맞추어 내용을 넣어 완성한다.

01 비서직/사무직으로 진출하기 위한 포트폴리오를 준비하기 위해 자신이 갖추고 있는 자질, 능력, 자격증이 무엇인지 아래의 칸에 적어봅시다.

〈취업서류〉

〈자격증〉

〈비서사무실습물 종류〉

〈OA관련제시물〉

〈어학연수 및 학생활동사항〉

〈기타 자료물〉

02 앞의 자신의 제시물을 바탕으로 실제로 본인의 포트폴리오를 직접 작성해보자.

아래의 칸에 자신의 포트폴리오 목차를 상세히 적어봅시다. 그리고 직접 파일을 준비하여 만들어봅시다.

02
SWOT
분석

비서직 또는 사무직 진출을 위한 자신의 성격, 능력, 자질과
기술 등에 대해 장단점을 실시해 볼 수 있는 SWOT을 작성해
보고 분석해본다.

1 SWOT?

S(strength), W(weakness), O(opportunity), T(threat)**의 약자**로 일반적으로 기업에서
신제품 및 전략을 분석할 때 쓰는 방법이나, 개인에게도 적용할 수 있다. 취업을 준비
하면서 자신의 강/약점, 기회와 위협요인을 찾아보는 작업이다.

✅ SWOT 분석 요인

- 본인의 성격, 능력, 기술, 지식, 자질 등

Definition of SWOT Analysis

SWOT 분석은 Strength, Weakness, Opportunities, Treats의
합성어이며, SWOT Analysis란 SWOT을 이용하여
문제를 분석하는 것이다.

✔ Strength, Weakness

- 내부환경분석: 나의 상황(경쟁자와 비교)

✔ Opportunities, Threats

- 외부환경분석: 자신을 제외한 모든 것

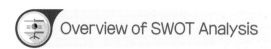

Overview of SWOT Analysis

SWOT 분석으로 전략을 도출할 수 있다. 전략수립의 필수기법

✓ **지천지지 승내가전(知天知地 勝乃可全)**
- 하늘과 땅을 알면 승리하거나 몸을 온전하게 보전하며

✓ **지피지기 백전불태(知彼知己 白戰不殆)**
- 상대와 자신을 알면 백번 싸워도 결코 위태롭지 않다.

SWOT Analysis Method

이 분석은 말로 하거나 문장으로 기술해도 좋으나,
보다 명료하게 전체를 살펴보기 위해 matrix를 활용하는 것이 효과적이다.

SWOT Analysis Steps(외부환경분석 → 내부환경분석)

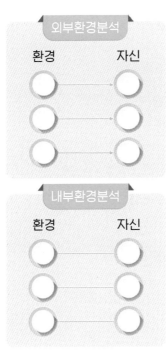

외부환경분석

환경　　　자신

내부환경분석

환경　　　자신

✓ **외부환경분석(Opportunities, Threats)**

- 자신을 제외한 모든 정보를 기술

  (좋은 쪽 → 기회, 나쁜 쪽 → 위협으로 분류)

- 인과관계가 있는 경우 화살표로 연결

- 동일한 data라도 자신에게 긍정적으로 전개되면 기회로

- 부정적인 것은 위협으로 나눔

✓ **내부환경분석(Strength, Weakness)**

- 경쟁자와 비교하여 나의 강/약점을 분석

- 강/약점의 내용: 보유하거나, 동원 가능하거나, 활용가능한 자원(resources)

Assignment(자신의 인생비전 설계)

자신의 현 상황을 SWOT분석하면서 인생의 비젼을 설계해보자.

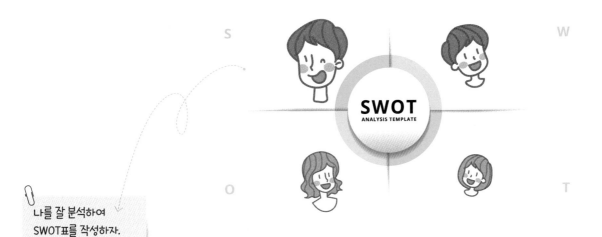

나를 잘 분석하여
SWOT표를 작성하자.

03 아래의 칸에 내부 분석으로 자신의 강/약점, 외부분석으로 기회요인과 위협요인을 적어봅시다.

2 비서의 역량에 비춰 본 SWOT 작성

비서 또는 사무직으로 진출하기 위해 자신의 강/약점을 분석해야한다. 먼저, 비서의 **역량 및 핵심역량**에 비춰 자신을 분석할 수 있다. **자신의 SWOT분석표를 포트폴리오 안에 넣기도 한다.**

 비서의 핵심역량(Core Competencies)

✓ **역량(competency)**
- 비서의 역할을 수행하기 위해 필요한 지식, 태도, 기술

✓ **The Core Competencies(핵심역량)이란?**
- 역량 중에서도 남들보다 우수하며 경쟁우위를 갖는 핵심적인 능력, 기술, 지식, 경험
  - → 성공적인 비서직 수행을 위해서 또는 비서직무의 생산성을 높이는 데 요구되는 일련의 핵심적인 스킬(skill)과 태도(attitude), Burke(1997)

✓ **Five Core Competencies(Burke)**
- 책임감(Accountability)
- 장애물을 장애물이라고 생각하지 않고 기회라고 생각하는 믿음
  (Belief that Barriers are opportunities, not obstacles)
- 결과를 위한 헌신, 전념(Commitment to results)
- 배우려는 열정(Desire to learn)
- 효과적인 커뮤니케이션(Effective communication)

04 3을 기초로 아래의 칸에 자신을 분석하여 SWOT분석표를 작성해봅시다.

S

W

O

T

03

입사서류 작성
(이력서, 자기소개서)

학습목표

비서직 또는 사무직 취업을 위해 필요한 각종 서류를 이해하여,
본인의 강점을 최대로 표현한 이력서 및 자기소개서를 작성해본다.

1 비서직에 필요한 취업서류

비서직으로 진출하기 위해서도 비서로서의 자격을 갖춘 취업서류가 필요하다. 기업에서 요구하는 취업서류는 보통 **이력서**(국문/영문), **자기소개서**(국문/영문), 외국 기업인 경우는 **application letter**가 필요하기도 하다. 기업에 따라 각 **기업에서 정해진 이력서 양식과 자기소개서 양식**을 구비하여 지원자들에게 그 양식에 맞도록 이력서와 자기소개서를 작성하기를 요구하기도 한다.

비서직 진출을 위해서는 잘 작성된 이력서 및 자기소개서를 준비하고 있다가 필요시에 바로 제출할 수 있게 해야 한다.

 취업서류

✓ **취업준비서류**

- 취업서류: 국문이력서, 자기소개서, 사진
- 영문이력서, 자기소개서, application letter(cover letter)
- resume, curriculum vitae, personal history
- 초보비서: basic style, 경력자: chronological, functional

✓ **취업서류의 중요성**

- 이력서 작성 정도는 취업, 일생을 결정할 수도 있다.
- 최상의 국/영문 이력서, 자기소개서, 사진을 준비하자.

본인의 마케팅과정이라
생각하라.
면접의 관문!!!

또한 이력서/자기소개서 이외에도 일반적으로 기업에서 요구하는 서류들로는 **재학증명서 또는 졸업**(예정)**증명서, 성적증명서, 주민등록등본, 어학성적증명서, 각종 자격증사본** 등이 있을 수 있다. 이러한 서류들도 취업을 위해서는 바로 제출할 수 있도록 준비해두어야 하며, 이러한 모든 서류는 **포트폴리오** 안에 넣을 수 있다.

✅ 취업을 위한 준비 서류

(1) 개인작성서류
- 국/영문 이력서
- 국/영문 자기소개서

(2) 준비서류
- 재학증명서
- 졸업(예정)증명서
- 성적증명서

(3) 기타 준비서류
- 어학 성적 증명서
- 각종 자격증 사본
- 봉사활동 증명서
- 어학연수 증명서

┌ 이력서는 e-mail로 접수할 때도 반드시 첨부 필수
└ 실무과 너무 다른 사진은 인터뷰 때 처음부터 불신을 줄 수 있다.

 Tip!

서류 사진의 중요성!
보통 이력서에 사진을 필수적으로 붙여야 하므로,
자신의 단정한 모습과 밝은 인상을 보여줄 수 있는 사진을 미리 넉넉히 준비하여야 한다.
회사에서는 지원자가 비슷한 조건인 경우, 이력서 상의 사진을 보고 인터뷰 연락을 할 수 있기 때문이다.
→ 따라서 이력서는 1차 인터뷰!

2 국문이력서

> **'이력서는 취업서류 중 가장 맨 위에 놓여져 있는 서류!'**

이력서는 인사담당자들이 가장 먼저 보는 서류인 만큼, 비서로서 준비된 자신을 **홍보하고, 자신의 장점을 확연히 부각시킬 수 있도록 완벽하게 작성**해야 한다. 이력서를 구성하는 모든 요소를 깨끗하고 한 눈에 알아보기 쉽게 명확하게 작성하는 기술이 필요하며, **이력서의 양식**(form)도 비서의 자격을 보여주는 만큼 체계적으로 구성할 수 있어야 한다.

✅ 이력서 구성 요소

- 인적사항(주소, 이메일) – 학력사항, 경력사항
- 자격사항(사무능력) – 과외활동
- 상벌/봉사/과외활동

 이력서

✓ 국문이력서

- 내용
- 신상, 학력 및 경력, 상벌 및 봉사활동, 자격사항, 기타
- 어학 및 컴퓨터활용능력, **평균 평점**, 토익점수, 장학금 수혜내용
- 자격증: 컴퓨터 및 전산회계
- 인상 좋은 사진
- 좋은 문체, 한자사용, 우수한 인쇄상태: 비닐 foleder에 제출

✓ 기타 서류
- 성적증명서, 졸업(예정)증명서
- 포트폴리오, 탁상출판물

▶ 작성요령

❶ 인적사항

- 성명, 생년월일, 현주소와 연락처/전화번호
- 이력서 우측 상단에 사진은 필수, 사진 위에 긴급연락처(핸드폰) 기입
- 이메일로 보낼 때도 사진은 스캔해서 꼭 부착
- 사진은 밝고, 단정한 모습으로 부드러운 표정의 사진(인터뷰 복장)
- 주민등록 등본과 같은 주소를 기재하되, <회사 근처로 이사 가능여부>도 표시

❷ 학력/경력사항

- 가장 중요하고 핵심적인 사항
- 학력: 대학졸업(예정)자는 고등학교 졸업부터 기재(졸업날짜 명시), 성적평균 기재
- 경력: 아르바이트/인턴사원 경험도 구체적으로 기입(기업체명과 업무사항 기재)/현장
  실습/재학 중 학교에서 근로학생 경력도 좋은 경력!

❸ 자격/어학/사무능력사항

- 비서관련 자격증 전부 기입(국가 공인 자격증은 취득일과 발령기관명을 명시)
- 관련자격증: 비서, 워드프로세서, 컴퓨터활용능력, 전산회계, MOS, 한자 등
- 어학관련 성적명시: 공익외국어성적(TOEIC·TOEFL·TEPS·JPT·HSK 등)
- 사무능력기재: 본인의 활용 가능한 프로그램 중심으로 능력기재, 어학실력기재
- 어학연수 경험, 외국어 관련 활동 경험, 어학 및 컴퓨터 관련 교육기재

❹ 상벌/봉사활동/학생활동 사항

- 상벌 및 장학금 수혜사항: 행사 및 대회 수상내용, 장학금 수혜 사실 기록
- 학생활동 및 봉사활동 경험: 재학 중 대표 및 활동내용 교내대회 수상경력 기재
- 모든 내용을 기재한 후, 도장을 찍거나 서명 사인

예) 위의 내용은 사실과 틀림이 없습니다.

○○○○년 ○○월 ○○일

장 인 하 (張)

 Tip!

주의사항

- 본인의 서류 작성 실력을 보여줄 format을 설정하며, 균형 잡힌 이력서 제작
- 깨끗한 원본서류 제출, 구겨지지 않게 주의. 포트폴리오와 같은 내용으로 작성
- 최근 날짜 기록, 길이는 A4 1장, 오타 없는 완벽한 이력서(수정액 사용 금지!)
- 회사 양식이 있는 경우는 양식에 맞추어 작성한다.

이력서 양식 예제

이력서 예제

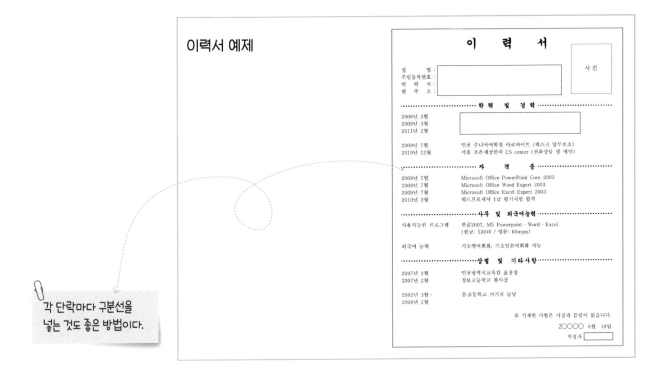

각 단락마다 구분선을
넣는 것도 좋은 방법이다.

이력서 예제

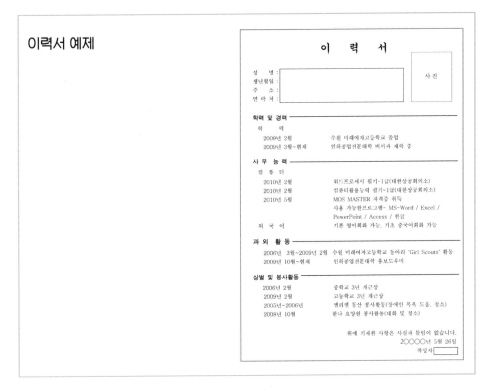

✎ 이력서 Sample 1

이　력　서

긴급 연락처 010-1111-1111

응모 부문: 秘書職

현　주　소: 인천광역시 연수구 연수동 해피아파트 101동 567호

E-mail: yusun@000.com

사 진

성　　명: 최　유　선(崔有善)

생 년 월 일: ○○○○.○○.○○.

핸드폰 번호: 010-1111-1111

학 력 및 경 력

2007년 2월	인하여자고등학교 졸업
2007년 3월	최고대학교 비서학과 입학
2010년 2월	최고대학교 비서학과 졸업예정(성적: 4.1/4.5 만점)
2008년 12월	최고대학교 서비스학부사무실 근무
2009년 5월	인하전자 情報通信 創業支援 연구센터 근무

자 격 증

2009년 7월	대한상공회의소 시행 비서 자격증 1급 취득
2009년 8월	대한상공회의소 시행 컴퓨터활용능력 1급 자격증 취득
2009년 9월	대한상공회의소 시행 워드 프로세서 1급 자격증 취득

상벌 및 기타사항

2007년 2월	고등학교 3년 개근상
2009년 2월	성적 장학금 수혜
2009년 4월	근로 장학금 3회 수혜

위의 기재한 사항은 사실과 틀림이 없습니다.

○○○○년 ○○월 ○○일

최 유 선

이력서 Sample 2

이 력 서

이   름: 장 인 하(張 仁 河)
현 주 소: 서울특별시 서초구 반포동 서울아파트 F동 111호
생 년 월 일: ○○○○.○○.○○
연 락   처: 010-1234-5678

사 진

학 력 및 경 력

2005년 2월 13일	서울 가나고등학교 졸업
2005년 3월 2일	최고대학교 비서학과 입학
2006년 1월 ~ 11월	캐나다 SFU(Simon Fraser University) 어학연수
2008년 7월 ~ 8월	AAA회사 제품사업본부장 비서직(임시) 근무
2010년 2월 28일	최고대학교 서비스학부 비서학과 졸업 예정(성적: 3.77/4.3 만점)

상벌 및 자격사항

2007년 9월   최고대학교 우수장학금 수혜

▶ Computer: 한글, MS-Word, Exel, Powerpoint, 포토샵 가능
▶ 자 격 증: 정보처리기사 1급 취득
▶ 영   어: 사무회화 · 영작 가능, TOEIC 730(○○○○), TEPS 820(○○○○)

과 외 활 동

2005년 1월 ~ 11월	학보사 사진기사로 활동
2005년 3월 ~ 12월	서비스학부 내 비서전공동아리 회원
2007년 3월 ~ 6월	서비스 아카데미 직장예절 교육 참가

사 회 봉 사 활 동

2005년 7월	최고대학교 하계 농촌봉사활동 참가
2006년 3월 ~ 6월	가나보육원 아동 보조교사
2006년 6월 ~ 8월	해피양로원 보조 도우미

위의 내용은 사실과 틀림이 없습니다.

○○○○년 ○월 ○○일
장 인 하

05 본인의 이력서에 들어갈 정보내용을 아래에 써봅시다. (제목, 내용, 날짜)

06 5의 내용을 바탕으로 실제 자신의 최상의 이력서를 컴퓨터로 작성해봅시다.

3 국문자기소개서

> " 자기소개서는 이력서와 다르다! "
> 자기소개서는 이력서에 표기 못한 나의 능력을 PR하는 중요한 서류!
> 자기소개서는 인사담당자가 나를 꼭 면접하고 싶다는 마음이 들게 하는 서류!

자기소개서는 이력서에 쓸 수 없었던 **가정환경 및 성장배경, 가족관계, 대인관계, 성격의 장단점, 대학시절, 지원자의 직업관 및 미래관, 지원동기 및 입사 후 포부, 그리고 문장력(表現力)과 논리력**을 판단하는 주요 서류이다. 자기소개서의 목적은 인사담당자로 하여금 나를 꼭 만나고 싶게 하는 것이다.

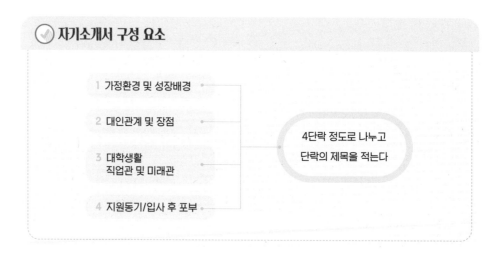

✔️ **자기소개서 구성 요소**

1 가정환경 및 성장배경

2 대인관계 및 장점

3 대학생활
  직업관 및 미래관

4 지원동기/입사 후 포부

4단락 정도로 나누고
단락의 제목을 적는다

자기소개서

✓ **자기소개서**

- 이력서와는 다르다.

- 기승전결체제, 논리정연, 솔선수범과 협동심 부각, 긍정적이고 적극적인 사람 부각

- 성장배경(가훈, 가족관계), 대학학창시절, 전공 및 자격사항, 전공 과 능력

- 입사동기 및 장래사항, 입사후 포부

- 좋은 문체, 한자사용, 우수한 인쇄상태

- 본인이 좋아하는 문구, 좌우명

절대 다른 자기소개서의
내용을 인용하지 말 것!

▶ 작성요령

- 문장은 간단·명료하면서도 설득력과 논리성!
- 과장되거나 거짓된 내용이 없이 진솔한 내용!
- **양식**의 중요성! 개성의 중요성! **문체**의 간결함!
- 충분히 시간을 가지고 여러 번 내용을 수정하여 완성!
- 한자는 정확하게, 업종과 관련 있는 내용으로 구성!

❶ 성장과정- 성장과정을 연대순으로 기술/가치관

- 가족관계 및 가훈 및 가풍, 자신에게 도움이 되었던 은사, 인물에 대한 내용도 기술
- 고교·대학 등 학창시절의 독특한 경험이나 에피소드 기술
- 가치관 또는 인생관에 영향을 미친 내용 기술

❷ 장/단점/대인관계/전공 관련

- 자신의 장점을 부각, 긍정적이고 성실한 사람임을 표현
- 단점을 쓰지 않아도 좋지만, 기술한다면, 단점을 개선하기 위한 노력 기술
- 협동심과 솔선수범, 봉사활동 등에 관해 기술하여 조직에 알맞은 사람으로 표현
- 특기사항은 구체적으로 기술
- 전공과 관련하여 기능, 외국어 능력, 리더십, 자격사항 등은 업무에 도움이 될 수 있는 사항은 자신의 체험과 함께 자세히 기술
- 대학생활 중 학창시절의 리더십, 활동사항 등도 기술
- 인사담당자는 최근 모습에 가장 관심 → 대학생활을 중심으로 언급
- 특히 전공내용과 관련하여 자세한 동기, 결과, 자격내용에 관한 내용 기술

❸ 지원동기/직업관 및 미래관

- 해당기업의 업종이나 특성과 자신의 특기 및 능력, 전공을 연관시켜 기술
- 이를 위해서는 평소 기업에 관련된 자료나 정보수집을 열심히 한 점을 부각
- 뚜렷한 지원동기를 통해 기업의 인재상과 자신이 부합됨을 구체적으로 기술
- 입사 후에도 성실하고 의욕적으로 업무에 임할 것을 구체적으로 기술
- 직업관 및 해당 업무에 대한 의욕과 인생관을 피력

❹ 장래희망 및 포부- "열심히" "최선을 다해" 등과 같은 막연한 표현지양

- 입사했다는 가정 하에 목표성취/자기개발에 대한 구체적인 계획 또는 각오를 피력
- 너무 과장된 포부는 허풍으로 보일 수 있으므로 긍정적으로 성실히 기술

자기소개서(면접) **작성시 주의사항 1**

✓ **주의해서 사용해야 하는 문장(흔한 표현들)**

- '나는'으로 시작하는 문장
- 뽑아만 주신다면
- 우등생, 반장, 1등
- 엄격하시지만 자상하신 부모님 사랑
- 화목한 가정의 몇 남, 몇 째로 태어나
- 초일류, 최고의
- 무슨 일이든 열심히
- 준비된 인재
- 약속드립니다.

BAD

 자기소개서(면접) **작성시 주의사항 2**

✓ **필요한 문장(직접적인 표현보다는 그 내용을 알 수 있는 차별화된 나만의 이야기)**

- 긍정적이고 밝은 팀워크
- 책임감과 협동심 많은
- 성실하고 근면한
- 열정적인
- ○○○ 분야의 전문가가 되고 싶습니다.
- ○○한 경험을 통해
- ○○를 키웠고
- 독립적인
- 최선을 다하는

GOOD

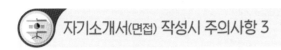

자기소개서(면접) 작성시 주의사항 3

✓ 강조할 사항(O)

- 회사가 자신을 채용하면 어떤 점이 좋은지 설득

  예) 우수한 영어능력과 원만한 대외관계로 해외영업에 자신감 표현

- 입사 후 비전을 구체적으로 기술

  예) 지원하는 기업의 업종과 특성을 고려, 앞으로 어떤 업무에 어떤 계획을 가지고 있는지 명료하게 표현

- 경력과 경험을 쓸 때는 지원한 직무와 관련시켜 일관성 유지

  예) 비서학과는 사무직 인턴쉽이나 사무보조, 비서학 관련 동아리 활동을 써주면 좋다.

✓ 피해야 할 사항(X)

- 각종 취업 사이트에 나와있는 자기소개서 샘플은 참고만 할 것

- 친구 사이에 흔히 쓰는 이모티콘, 구어체, 줄임말은 금물

- 글 마지막에 '수고하세요'나 ^^ 등은 금물

- 지나치게 솔직한 것도 금물

- 지원분야와 관련된 자신의 단점을 굳이 드러낼 필요 없음

자기소개서 예제 1

자 기 소 개 서

시간과 약속에 엄격한 예비비서 김예슬입니다.

'시간에는 관용을 베풀지 말라' 아버지께서는 저를 이렇게 가르치셨습니다. 초등학교 때부터 약속한 시간보다 늦게 귀가 했을 때는 늦은 시간다 2배를 하여 책가방에 책을 가득히 넣고 손을 들게 하여 엄격히 벌을 내리셨습니다. 그 때는 서러웠던 적도 있었지만 이제와 생각해보면 이런 아버지의 가르침에 시간약속에는 철저한 사람이 되었습니다. 그래서 하루의 계획을 다이어리에 꼼꼼하게 적어놓는 습관이 있습니다.

행복을 만드는 예비비서 김예슬입니다.

항상 모든 일에 적극적인 자세로 뒤에서 리더를 따라가기 보다는 제가 리더가 되어 사람들을 이끕니다. 대학에 입학하여 회의를 진행하여 완성해야하는 두 번에 프로젝트에서 모두 리더를 맡아 좋은 성과를 이뤘습니다. 활발하고 항상 웃는 얼굴로 생활하여 주위에 다양하고 소중한 인연들이 많고, 사람들에게 붙임성있게 행동하여 '부침개' 라고 불리고 있습니다. 반면에 그러한 제 모습을 보고 쉬운 사람으로 보는 사람들이 있어, 더더욱 학업적인 면에서는 저를 재정의하여 공과 사를 구분할 줄 아는 사람으로 보이기 위해 노력하여 학점 4.0 이상을 받는 장학금을 받았습니다. 원래 저는 욕심이 많아서 인기 남들에게 칭찬하는 것이 서툰 것이 단점입니다. 칭찬은 고래도 춤추게 만든다는 말처럼 쉽게 사람들의 기분을 좋게 만들어 줄 수 있는 빠른 처방이라고 생각이 들어 진심이 통하도록 상대방을 칭찬하고 있습니다.

준비되어진 예비비서 김예슬입니다.

저는 중곳집에 태어나 할머니와 같은 말에서 지금까지 살고 있습니다. 그래서인지 누구보다 어르신들의 생각을 잘 이해할 수 있고 어른들을 공경하는 법을 할머니를 통해 배우며 자랐습니다. 효와 예를 바탕으로 비서과에 입학하여 배운 전문비서 자격에 필요한 지식과 효율적인 사무처리를 위해 취득한 워드프로에서, 엑셀, 엑세스, 파워포인트, 한글 기술로 프로페셔널한 비서로 거듭나겠습니다. 일처리에서는 냉정하며, 상사를 모실 때는 저희 할머니를 모시듯 정중하게, 손님은 친절한 미소로 모시겠습니다.

미래지향적인 예비비서 김예슬입니다.

계속적인 자기개발을 하기위해 토익점수를 700점대로 올릴 것이며, 고등학교 때부터 배워온 중국어도 계속적으로 공부해 회화에 능통한 실력이 되도록 노력할 것입니다. 수동적인 비서보다는 능동적인 비서가 되기 위해 노력할 것이며, 상사께서 미처 신경쓰지 못하시는 부분까지 세밀하게 볼 수 있는, 그리고 당황스러운 상황에서도 센스있게 대처할 수 있는 비서가 되겠습니다. 상사분께서 제일 편안한 사무분위기로 최고의 성과를 내실 수 있도록 만들겠습니다. 친절하고 유쾌한 웃음으로 일을 진행하면서 전문비서의 자질을 보여드리겠습니다. 저를 위해 입하면서도 그게 곧 (귀사)의 이익을 가져다준다는 마음으로 이런 소명의식을 가지고 일하겠습니다. 감사합니다.

작성자 김 예 슬

▶ E-resume

- 자기소개서 양식으로 작성한 후
- 동영상으로 내용을 촬영한 다음
- 자기소개서 양식 안에 동영상을 삽입하여 파일로 작성
- 주로 IT업체 및 컴퓨터 회사에서 E-resume를 요구하기도 한다.

최근 자기소개서를 동영상으로 만들어 사진으로 부착한 후 파일로 전송하기도 한다.

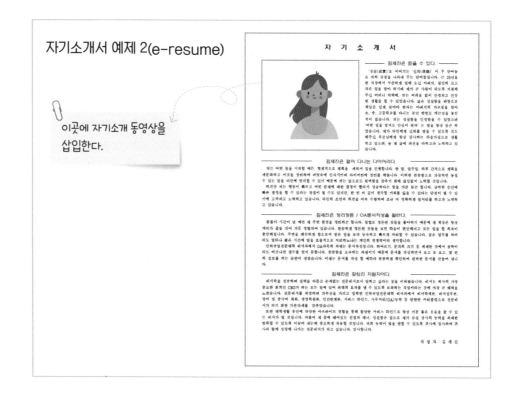

자기소개서 예제 2(e-resume)

이곳에 자기소개 동영상을 삽입한다.

Tip!

추가사항

- 본인의 서류 작성 실력을 보여줄 자기소개서 format을 설정
- 각 단락의 핵심 단어(key word)를 표현할 수 있는 문구를 설정
- 깨끗한 원본서류 제출, 구겨지지 않게 주의. 포트폴리오와 같은 내용으로 작성
- 최근 날짜 기록, 길이는 A4 1장, 오타 없는 완벽한 자기소개서(수정액 금지!)

07 다음의 이력서를 보고 잘못된 곳을 찾아 표시하고, 알맞게 수정해봅시다.

자기소개서

저. 이 엉뚱 본인은 1994년 12월 13일 설에서 아버지와 어머니 슬하의 2남 2녀 중 장녀로 '응아'하고 태어났다. 그리고 저는 현재 이상한대학교 4학년에 재학 중인 가나다 학과 학생입니다. 아버지는 교육자시고, 어머니는 주부시고, 저의 큰오빠는 직장인이고, 작은 오빠는 대학원생이고, 여동생은 고등학생입니다. 저는 초등학교 시절부터 쭉 무엇이든 알고 싶어 하는 호기심이 강해서 그만큼 배운 것도 많다고 자부하고 있어요. 그래서인지 선생님들께서도 저를 무척 이뻐해서 아주 즐겁고 행복한 학창시절을 보냈습니다.

제 이력서를 보셔서 아시겠지만 저는 仲學敎 때부터 쭉 개근을 할 만큼 착실하고 근면했습니다. 저는 3학년 여름방학 때는 미국에 있는 친구집에 한 달간 여행을 떠났었는데, 세상은 넓고 할 일은 많다는 단순한 진리를 깊게 얻을 수 있었던 체험이었다. 저는 성력이 차분하고 얌전하고 사려 깊어서 남을 되도록 많이 이해하려고 하는 편입니다.

또한 지금 이상한대학교 경영사무인증을 따기 위해 수료중이며, 이 과정에서 사무영어, 경영사무, 컴퓨터를 배우고 있습니다. 특히 콤퓨터는 너무 재미있습니다.

저는 단순 반복적인 일을 하는 작업이나, 혼자서 작업을 하는 예술가 같은 직업보다는 조직에 속해 한 구성원으로서 조화를 이루면서 생활해가는 직업을 갖고 싶습니다. 아직 인생의 폭이 좁고 기업의 싱리나 경영에 참여해 보지 못한 점이 저의 단점입니다. 그러나, 당사와 함께 일할 기회를 주신다면 최선을 다해 일하겠습니다. 장래에 결혼을 하게 되더라도 계속해서 일을 할 생각입니다. 이상으로 부끄러우나마 저의 소개를 마치겠습니다. 그리고 편리한 시간을 일러주시면 찾아뵙도록 하겠습니다. 가능하시면 빨리 연락해 주시면 감사하겠습니다.

이상한대학교 가나다 학과 4학년
이엉뚱

자기소개서 Sample 1

자 기 소 개 서

'하늘은 스스로 돕는 자를 돕는다' 이것이 저의 左右銘입니다. 저는 傲霜孤節의 국화를 좋아하며, 계절 역시 국화 피는 가을을 좋아합니다. 푸른 하늘, 서늘한 바람, 풍성한 열매로 인한 깊은 사색. 가을은 이런 것을 가능하게 하기 때문입니다.

양친은 俱存하시고 저와 제 밑으로는 여동생이 하나 있습니다. 아버지는 誠實性과 遵法性을 바탕으로 중소기업에서 20년간 근무하셨으며, 어머님은 가사를 돌보십니다. 넉넉하지는 않으나, 우리 집은 화목하고 웃음이 끊이지 않는 가족이라고 생각됩니다. 어렸을 적부터 아버지는 제게 정직됨을 심어주셨습니다. 그 말씀은 제게 하나의 教訓으로 자리 잡게 되었습니다.

저의 성격은 모든 일에 적극적이어서 어렸을 때부터 여러 활동을 했습니다. 미술에 소질이 있어 장려상을 받기도 하였고, 한국 걸스카웃에서 효행과 봉사라는 고귀한 가르침도 배웠습니다. 고등학교에서는 일본어 서클의 리더로서 활동하여 외국문화에 적응이 빠른 편입니다. 저의 건강상태는 잔병 없이 아주 건강합니다. 이는 초등학교 때부터 현대무용을 꾸준히 한 덕분이라고 생각합니다.

저는 올해 22세의 준비되어진 비서입니다. ○○○○대학 비서학과에서 비서학개론, 영어 및 일본어 회화, 문서관리론, 인간관계론, 컴퓨터 등의 전공과목을 통해 현대적인 사무환경에 能動的으로 대처해 나갈 수 있는 자질과 능력을 길러 왔습니다. 특히 컴퓨터는 워드프로세서, 엑셀, 파워포인트, 엑세스, 홈페이지 제작 등 실용적인 사무처리 기술을 습득하였습니다.

저는 소망이었던, 전문비서가 되기 위해 비서학과에 입학하였고, 2년 동안 전문비서에 대한 역할을 습득하면서 비서직에 남다른 자부심을 느끼게 되었습니다. 상사분들을 정중히 모시고, 찾아오시는 손님을 상냥하게 맞으며 따뜻이 접대하는 일상적인 역할만을 생각해도 가슴이 설렙니다. 친절하게 전화를 걸고 받으며 재치 있는 판단으로 모든 상황에 대처하며 맡은 일에 명예를 걸고 최선을 다 할 수 있다면 그보다 행복한 직업이 있겠는가 하며 자부심을 느끼고 있습니다. 무엇보다도 많은 노력이 요구되는 비서의 길이 적성에 맞고, 귀사에 입사한다면 희망차게 사회의 첫 발을 내딛을 것 같은 의욕도 불러일으킵니다.

높은 산을 오르기 위해서는 산꼭대기를 향해 걸어야 하지만, 험난한 지형과 수없이 많은 숲덤불을 고려해야 한다고 생각합니다. 제게는 어떠한 역경이 있어도 위와 같은 이치를 銘心하고 있기 때문에 용감하고 씩씩하게 헤쳐 높은 산을 향해 한 걸음 한 걸음 헤쳐가게 될 제 자신을 믿어 의심하지 않습니다. 만약, 입사가 허락된다면 저는 열성과 진심으로 봉사하겠습니다. 제게는 그러한 정열도 있으며 자신도 있습니다. 얄팍한 눈앞의 이익을 좇아 후조처럼 일자리를 바꾸지 않을 것이며, 召命感을 가지고 노력하며, 직장을 사랑하겠습니다. 감사합니다.

작성자 최 유 선

내용에 따라 단락을 4부분으로 나눠 제목을 적는다.

자기소개서 Sample 2

자 기 소 개 서

"세계를 변화시키는 것은 나 스스로 변화하는 일에서부터 시작된다"

이 문구는 제가 항상 마음에 담아두고, 실천하고자 노력하는 저의 좌우명입니다. 저는 이 글을 수첩과 일기장의 첫 장에 적어두고 매일 다짐을 하며 하루를 시작합니다.

정직한 타임워치

최선과 정직을 강조하시는 부모님 밑에서 1남 2녀 중 장녀로 자랐습니다. 아버지께서는 스스로 매사에 최선을 다하는 모습을 보여주셨고, 어머니께서는 언제나 따뜻한 손길로 저희를 대해주셨습니다. 성실한 부모님 밑에서 저는 자연스럽게 작은 일에도 최선을 다하는 태도와 부지런함을 배우게 되었습니다. 저의 장점은 시간약속을 잘 지킨다는 것입니다. 약속시간에 늦는 일이 거의 없기 때문에 친구들은 저에게 '타임워치'라는 별명을 붙여주기도 했습니다. 그러나 저에게도 내성적인 성격 때문에 부끄러움이 많다는 단점이 있었으나, 이 점을 고치기 위해 사람들 앞에서 발표할 기회도 많이 가지고자 했고, 친구들과도 폭넓게 교제함으로써, 지금은 상당히 적극적이고 활발한 성격이 되었습니다.

경험과 도전의 글로벌 인재

대학 2학년 여름방학 때는 가나주식회사 해외업무부에서 임시 사무직으로 두 달간 근무했습니다. 그 때 컴퓨터와 영어, 경영일반 상식의 중요성을 많이 인식하게 되어 최고대학교 평생교육원의 프로그램(영어·컴퓨터·전산회계과정)을 모두 수료하였고 MOS자격증도 취득하였습니다. 이 과정에서 배운 실무영어, 컴퓨터 기술 그리고 경영 전반에 대한 이론과 현실상황에 대한 지식은 앞으로 수행하게 될 회사실무에 큰 도움이 되리라고 확신하여, 현재 전산회계 2급자격증 취득을 목표로 공부하고 있습니다.

국제화 시대에 발맞추어 영어 공부를 열심히 하여 TOEIC시험 750점을 획득하였습니다. 그러나 영어는 국제화 사회에서 모든 업무의 기본이 되는 것이므로 이에 만족하지 않고 저의 목표인 850점을 획득하기 위해 더욱 노력할 것입니다. 중국어는 대학교 때 처음 접해 제 2외국어로 꾸준히 공부해오고 있으며, 실무에 큰 도움이 될 것이라고 생각하며, 추후 HSK 자격도전을 위해 열심히 노력하고 있습니다.

발전을 위한 준비된 인재

저는 귀사 입사를 목표로 오랫동안 착실히 준비해 왔습니다. 귀사에 입사하여 저의 능력을 마음껏 발휘하고 싶습니다. 일할 수 있는 기회를 주신다면, 최선을 다해 저의 발전은 물론이고 회사의 발전을 위해 노력할 것을 약속드립니다. 감사합니다.

작성자 박 아 름

자 기 소 개 서

〈욕심 많은 김미화입니다〉

정직, 성실, 근면이 가훈인 집안에서 2남 2녀 중 차녀로 태어났습니다. 어려서부터 어떤 분야에서든지 능력을 발휘하고자 노력하여, 욕심만큼이나 야무지다는 소리를 많이 듣고 자랐습니다. 특히, 초등학교부터 고등학교 시절까지 학급반장과 학생회 임원으로 활동한 경험은 성실하고 책임감 있는 제 성격의 기초가 되었습니다. 은행원이신 아버지를 따라 일본에 건너가 3년동안 살게 되면서, 일본어 뿐만 아니라 일본인들의 친절함을 몸소 배웠습니다. 이러한 성장과정 속에서 낯선 사람과 대면할 때 상대방의 기분이 상하지 않도록 예의를 갖추어 의사를 표현하는 능력을 터득할 수 있었습니다.

〈재주 많은 김미화입니다〉

어렸을 때부터 독서를 좋아하고 미술에 특기가 있어 백일장, 사생대회에서 입상하기도 하였으며, 문학을 좋아하여 독후감 쓰기를 좋아합니다. 또한 인테리어에도 감각이 있어서 졸업 후 회사의 일원이 되면 이러한 특기를 살려 각종 문서에 정갈한 표현을 쓰고, 사무실을 보다 산뜻하게 꾸미는데 많은 도움이 되고 싶습니다.

〈준비된 비서 김미화입니다〉

전공인 비서학과정에서는 경영학, 비서실무 이론 및 실기, 컴퓨터 활용능력, 비즈니스 영어 등 실용적인 내용들을 열심히 배우고 있습니다. 특히 관심이 있는 컴퓨터 관련 분야는 개인적으로 보충한 결과, 현재는 Windows, Excel, Access, Word, PowerPoint, PhotoShop, 한글 등을 능숙하게 다룰 수 있으며 Internet 정보검색 및 홈페이지 제작 등에도 자신이 있습니다. 또한 대학시절 학과 공부 뿐 아니라, TOEIC에서 고득점을 받으려고 노력해 왔으며, 국가기술자격증인, 워드프로세서, 컴퓨터 활용능력, 비서자격증, 전산회계 자격증을 취득함으로써 제 능력을 객관적으로 평가할 수 있었습니다. 현재도 매일 영자신문과 경제신문을 구독하고 회화학원을 다니는 등 경쟁력 있는 전문여성이 되기 위해 끊임없이 노력하고 있습니다.

〈훨훨 비상(飛上)하려는 김미화입니다〉

저는 금융계로 진출하려는 꿈을 가지고, 금융/회계에 관련된 졸업작품집도 만들었습니다. ○○증권의 일원이 되고자, 1학년때부터 ○○증권에 대한 자료를 수집하여 스크랩을 지속적으로 하고 있습니다. 이제 ○○증권의 인재상인 '창의적이고 도전적인 인재'로 거듭나고자 저 김미화는 저의 능력과 성실함을 귀사에서 무한대로 펼쳐 보이고 싶습니다. ○○증권과 사회의 발전을 위해 저의 열정을 쏟을 기회를 갖게 된다면 최선을 다할 것을 약속드립니다.

감사합니다.

김 미 화(金美花)

08 자신의 자기소개서 내용을 아래에 써봅시다. 이때 필요한 어구나 표현은 무엇이 있을까?

09 8을 작성한 후, 자기소개서 양식을 결정하여 실제로 컴퓨터로 작성해봅시다.

4 영문취업서류

'Application Letter(cover letter) = 회사 인사담당자에게 쓴 편지'
'resume = 이력서 + 자기소개서'
'personal history = 자기소개서'

✿ Application Letter

일반적으로 외국기업이나 영문이력서 자기소개서를 요구하는 기업의 인사담당자에게 보내는 편지. 이때 **이력서 및 자기소개서는 첨부**로 보내지게 된다.

내용은 **회사에 대한 관심 및 지원하게 된 동기, 그리고 자신에 대한 간단한 이력사항**을 쓰게 되며, 인터뷰 요청을 원하는 내용으로 긍정적이고 적극적으로 쓰게 된다. 이때, **인사담당자의 이름을 정확히 찾아서** 쓰는 것도 좋은 방법이다.

 Tip!

추가사항
• 평소에 관심이 있는 외국기업 및 로펌/회계법인/호텔의 인사담당자에게 보낼 수 있다.
• cover letter도 business letter이기에 cover letter의 작성과 내용을 보더라도 자신의 문서작성 실력을 가늠하게 해준다!

▶ 작성요령

- **특정업체와 희망업무 및 직종**에 따라 그때 그때 작성!
- A4 한 장으로 정리!
- **순서:** 주소와 날짜, 수신인, 서두, 본문, 결구, 이름과 서명
- **양식:** 본문은 4개 단락 이내로 서두·본론·결구의 3부분으로 나누어 내용을 전개
- 지원동기, 희망업무 및 직종에 대한 준비 및 자격을 학력/경력 중심으로 작성

❶ 주소, 날짜, 수신인

- 본인의 주소는 Cover Letter 상단 우측
- 주소의 끝에는 작성 날짜를 월, 일, 연도의 순으로 기재
- 수신인은 날짜 아래 5행 정도 여백을 두고 왼쪽에서부터 작성
- 수신인의 이름을 정확히 적거나, 또는 인사담당자(Personnel Director 또는 Personnel Manager) 앞으로 쓴다.

> 영어 표현은 우리말 순서와 다르다.
> ① 주소 순서
> ② 날짜(최근 우선)

❷ 본문

- 인사 담당자가 흥미를 갖고 면접을 하고 싶은 욕구를 갖도록 인상 깊게 쓸 것!
- 서두: 시선을 끌 수 있도록, 이력서를 보내게 된 이유를 뚜렷하게 밝힘
  - 예 모집광고를 보고, 누구의 소개로 등
- 본론: 평소에 회사에 대한 관심이 있었다는 사실 및 준비해왔다는 내용을 기재
  자신이 회사에 적합한 이유를 구체적으로 쓴다.
- 결구: 회사로 하여금 면접을 하고 싶게끔 쓴다. 먼저 Cover Letter를 읽도록 시간을 할애해준 점에 대한 감사의 말과 면접을 꼭하고 싶다는 말을 쓴다. Resume에 쓴 전화번호와 주소를 한 번 더 적는다.

❸ 첨부

- 이력서를 동봉했음을 밝히고 이력서를 잊지 말고 반드시 첨부!

Application Letter의 Sample

2025 Central Street
Dayton, OH 45432

April 1, ○○○○

Mr. Hellen Kim, Personnel Director
ASF Manufacturing Company
1604 Stanley Avenue
Dayton, OH 45432

Dear Ms. Kim:

The Placement Office at Queen Community College has told me of the opening in your office for an associate degree graduate with some secretarial experience. I understand that the position requires a large volume of typing work in addition to routine office duties and provides an opportunity to assume administrative responsibilities. I believe I have the necessary qualifications; therefore, I would like to be considered for this position.

While taking secretarial training at Queen, I had the opportunity to tour a number of industrial firms in our city. Of those that I visited, your company offices, your operations, and the friendliness of the staff impressed me the most. My hope is to become a part of that organization.

You will see from the enclosed data sheet that I have acquired a high level of stenographic skills and have the ability to operate a number of office machines including the Wang text editor. You will also note that I have supplemented my course work at Sinclair with on-the-job experience during the summers.

Since it may be difficult to reach me by telephone during working hours, I shall take the liberty of calling your office next Tuesday for an appointment. I am looking forward to discussing this position with you.

Yours very truly,

Dana M. Almer

Enclosure

🍀 Résumé(영문이력서)

- 명칭: **Résumé, Personal Data Sheet**(미국), **Curriculum Vitae**(C.V.)(영국)
  → 희망 회사 국적에 맞게 사용
- 양식: 정해진 양식은 없음. 필요 항목을 넣어 본인의 스타일 깨끗이 작성
- 기술: résumé는 한국의 이력서 + 자기소개서를 합친 비교적 자유로운 형식
  따라서 해당 회사가 요구하는 직종/직책에 자신의 경험과 자격이 얼마나 적합한지
  를 효과적으로 명시(기업에 맞는 인재상임을 강조)
  → 외국기업은 이력서를 매우 중요시하기에, **본인의 홍보수단**으로 적극 활용 가능

✅ 종 류

- **기본 스타일= Basic style:** 처음 회사로 진출하는 대학생 경우, 학력중심
- **경력 중심스타일= Chronological, Fuctional style:** 경력자의 경우, 경력중심

 이력서

✓ 영문이력서(Résumé)

- 작성단계
- 데이터수집 → 데이터정리 → style고르기 → 작성
- Résumé Data
- 희망 업무명칭, 경력개요, 자격(경험, 능력, 적성)
- 학력, 특기, 자격증, 취미, 사회활동
- 추천인(reference)
- application letter(cover letter)
- Resume, curriculum vitae, personal history
- 초보비서: basic style, 경력자: chronological, functional

No error!!
Perfect!!

▶ 작성요령

- **핵심단어 위주**(간결한 문체)로 기술! A4 한 장으로 정리!
- 학력/경력 중심으로 작성
- **정확한 문법**의 중요성! **구두점 및 양식**의 중요성! **문체**의 간결함!
- 시제와 복수형 's'에 틀리지 않게 주의!
- 전문용어와 약자는 쉽게 표현할 것. 자주 나오는 용어는 표현과 약어를 함께 표시

▶ résumé 구성

❶ Personal Data(인적사항)

- 이름, 주소, 전화번호/전화번호, 홈페이지, 이메일, 생년월일 등
- Identifying Information

❷ Job Objective(희망직종)

- Career Objective 또는 Objective, Goal
- 희망하는 업무나 부서를 정확하게 기입
- 인력업체(search firm)의 경우는 이 부분이 가장 중요
- 부서를 알 수 없을 경우는 전공과 관련한 희망직종을 기입

❸ Qualification/Capabilities(자격사항)

- 본인의 희망 직무에 맞는 능력과 자질, Capabilities라고도 한다.
- 관련 자격증은 이곳에 기재(예 비서자격증, 컴퓨터 자격증)
- 자격증이 없는 경우는 Skills로 적을 수 있으며, 분야를 명시한다.(예 컴퓨터, 어학)

❹ Education(학력)

- 최종학력부터 기재하며, 고등학교 순으로 역순으로 기재(최근 우선: 한글과 반대)
- Educational History
- 사회로 처음 진출하는 경우, 학과 **주요 교과목을 기술**(평균평점 기재 예 3.7/4.3)
- 대학 재학 중 갖춘 **typing skill**(speed/wpm), **computer s/w** 구체적으로 기재

❺ Job Experience(경력)

- 최근의 것에서부터 과거의 순으로 역순이 원칙(최근 우선: 한글과 반대)
- part time경력 및 근로의 경험도 가능(경력의 기간을 명시)
- 업무내용 및 수행경력 자세히 기재

❻ Activities(과외 활동)

- 대학 동아리활동 및 봉사활동, 사회활동의 요약
- 최근 자원봉사활동을 회사에서 높이 평가

❼ Special Achievement(특기)

- 희망하는 업무에 도움이 되는 기술, 특기

❽ Honors and Awards(상벌)

- 학창시절 교내외적 행사에서의 수상경력 및 표창경력
- Additional Remark
- Rewards

❾ References(조회처 및 추천인)

- 영문이력서의 마지막 항목으로 반드시 기재(3명이 일반적)
- 우선 Available on request 또는 Furnished upon request(요구 시 즉시 제출하겠음)
- 대학의 학과장/지도교수, 경력자의 경우 이전 근무처의 상사 등
본인의 능력이나 자질에 대해 보증할 수 있는 제3자를 의미

✓ 영문이력서의 필수항목

1. 개인정보(이름·주소·전화번호)
2. 희망직종
3. 학력사항
4. 경력사항
5. 자격사항
6. 추천인(reference)

✎ résumé Sample 1(basic style)

DATA SHEET

Dana M. Almer

2925 Central Street

Dayton, OH 45432-3237

(513) 555-9309

Career Objective: A secretarial position with opportunities to use shorthand skills, display initiative, and assume responsibility

EDUCATION

Queen Community College   Associate Degree Major: Secretarial Studies

444 West Third Street   June, ○○○○

Dayton, OH 45430-3234

Major Courses:

Accounting	Business Communications	Business Law
Data Processing	Economics	Office Machines
Office Management	Secretarial Procedures	Word Processing I

Secretarial Skills: Shorthand dictation rate, 120 words a minute

Shorthand transcription rate, 35 words a minute

Typewriting straight-copy rate, 75 words a minute

Office Machines: Copy Machine, Computer, Multi Function Telephone Computer S/W(MS office, Photoshop)

Belmont High School Diploma (5th in class of 174), June, ○○○○

2323 Maple view Avenue

Dayton, OH 45430-3236

WORK EXPERIENCE

2012-2013	Office of the Dean	Secretary (typing,
(Part-time)	Division of Business	computing, filing)
	Sinclair Community College	
Summers	Defense Electronic Supply Center	Correspondence Secretary
2011-2012	Dayton, Ohio	(Word Processing Center)

EXTRACURRICULAR ACTIVITIES

President   Office Education Association Club

Future Business Leaders of America

REFERENCE   Available upon request

résumé Sample 2 (functional style)

RÉSUMÉ

Ann L. Edmonds
8209 West 13th Street
Vancouver, WA 98661-9873
(206) 555-2247

CAREER OBJECTIVE
A secretarial position requiring a high level of computer skills and office administrative abilities

SUMMARY
Five years of full-time secretarial experience in the oil industry and three years of part-time clerical experience in the medical field

EDUCATION
Associate Degree, Secretarial Studies, Rosa Junior College, Santa Rosa, California

EXPERIENCE

Secretary to Executive
As secretary to the Administrative Vice-President of Harry Oil Company, I coordinated the efforts of the clerical personnel in the section in addition to accomplishing the varied duties of the position. In a typical day it was not unusual for me to type fifty letters from shorthand dictation. Routine record keeping was necessary to control the volume of mail entering the office each day. Maintaining confidential files was a responsibility of this position.

Clerical Work
During my college training, I held a part-time clerical post at the Santa Tree Medical Clinic. My major responsibilities included transcribing medical records from a voice recording machine and assisting with posting charges and credits to patients' accounts.

SPECIAL QUALIFICATIONS
Ability to handle a wide variety of secretarial responsibilities and supervise clerical workers. Especially capable in the area of human relations. Health and stamina to work under pressure of time.

MEMBERSHIPS
IAAP member
Computer Society, Inc.
President, Parent-Teachers Assn.,
John F. Kennedy School

REFERENCES
Can be provided upon request

▶ 관련 학과목 명칭의 예

명 칭 (대학별로 명칭 차이 있음)	영문 표기
비서학과	Department of Secretarial Studies, Secretarial Science
비서학개론	Introduction to Secretarial Science
비서실무론	Administrative Secretarial Procedures
비서실무실습	Practice of Secretarial Procedures
커뮤니케이션 실습	Communication Practice
사무관리	Office Management
인간관계론	Human Relations
시사경제	Economy on Current Issue
한글타자	Korean Typing
영문타자	English Typing
문서관리 및 작성	Filing System and Records Management
비서실무영어	Working English for Secretary
사무영어	Business English
실용영어	Practical English
영어회화연습	English Conversation Practice
컴퓨터 실무	Computer Practice
사무자동화 실습	Office Automation Practice
워드프로세서	Word Processing
전자계산일반	Principle of OA
비지니스일어	Business Japanese
비지니스 중국어	Business Chinese
경영학원론	Principles of Business Administration
인간관계론	Human Relations Management
비서회계	Secretarial Accounting
직장예절	Business Etiquette
재무관리	Financing
이미지메이킹	Image Making
필수과목	Required Subjects
선택과목	Elective Subjects
교양과목	Cultural Subjects

résumé Sample 3

Yoon-Hae Jin

200-11, Changsin-Dong, Jongro-Gu

Seoul, 110-540

010-3333-4444

E-mail: haejin@onhatc.ac.kr

사진

OBJECTIVE	A position as a secretary with opportunities to use computer skills, exercise initiative judgment, and assume responsibilities.

EDUCATION

March 2011-Present	Dept. of Secretary Service, Inha Technical College, Incheon
	Major Courses (GPA:3.8/4.5)

Accounting	Record Management
Business English	Secretarial Procedures
Human Relation	Secretarial Science
Management	Word Processing

March 2008-Feb. 2011	Sung-shin Girls' High School, Seoul

EXPERIENCE

May 2011-July 2011	(Part-time) Office Assistant, LG Oil Co.

SKILLS

Computer

May 2011	Secretarial Skills Test, 2nd grade
July 2011	KCCI Official Examination, Wordprocessing 1st class
Language	available speaking and writing in English, Chinese

ACTIVITIES

2011	Captain of Volleyball Team, Inha Technical Junior College
2011	Member of Chorus Club, Incheon Church

REWARDS

2011	Perfect Attendance, Sung-sin High School

REFERENCES	Can be provided upon request

✎ résumé Sample 4

SUNWHA LEE

사진

11-1 Mok-dong, Yangcheon-ku, Seoul, 120-170

010-1001-1234

sunwhalee@dahan.ac.kr

Object   Secretary

Education

2009 - Present	Daehan Career Development Institute, Daehan University *Professional Secretary Training Course* Course highlights: Business English, Computer, Secretarial Business, Accounting
2007 - 2008	Institute of Language Education, Daehan University Completed Intensive English Conversation Course
2006 - Present	Daehan University, Candidate for Bachelor of Arts Degree in Sociology, Feb. 2010 Special interests: Economics and Psychology
2006	Sungshin Girl's High School, Seoul

Experience

2008 - 2009	Volunteer as a Interpreter and tour guide in English, Seoul city
Fall 2007	Volunteer of Speech and Hearing Center, Daehan University
Spring 2006	Office Assistant, Sangil bank

Skills

Languages	Excellent in written and spoken English, Japanese TOEIC 895(May '11)
Computer	Hangul, MS-Word, Excel, Powerpoint, Access, Internet
Reference	Available upon request

10 자신의 rèsumè 정보를 작성한 후, 양식을 결정하여 실제로 컴퓨터로 resume를 작성해봅시다.

Personal history/Self-introduction(영문자기소개서)

- 명칭: **Personal history/Self-introduction**
- 양식: 정해진 양식은 없음. 필요 항목을 넣어 본인의 스타일로 깨끗이 작성
- 기술: 직무에 충실해서 작성

▶ 작성요령

〈기술할 내용〉

- 가정환경이 많이 고려되는 국내 기업들에 비해 외국기업은 철저히 '업무' 중심 체제
- 지원업무를 중심으로 준비해 온 내용과 업무와 관련된 자질과 역량
- 특별한 경력이 없다하더라도, 주어진 업무에 대한 추진 계획
- 학교생활 중에 아르바이트 경력, 수업 중 수행한 과제(프로젝트)
- 지원업종과 관련된 자격증 취득사항, 인턴 활동 내용
- 성격/직업관/취업준비내용/지원분야 업무에 대한 소견을 간결하고 논리적으로 기술

Personal History Sample

A Ready Financial Analyst at Your Service

Sujung Kim

Tel: 02) 123-4567; 010-0123-4567

E-mail: Sikim@tmail.com

★ Why I have chosen COOBANK

The stimulating and challenging working environment of COOBANK caught my attention as I read your homepage on the internet. I found your emphasis on determination, communication skills, and analytical, acumen quite intriguing. It is in response such challenges that I am writing to express my strong interest in employment as a financial analyst with COOBANK.

★ Why I am a best choice for COOBANK

I am a ready financial analyst. My interest in finances began when I worked part-time as an assistant at the school administrative office. I was involved in organizing the expenditure documents through which I observed the planning of the school budget. This experience gave me insight into the way financial processes operate, and encouraged me to audit courses in Economics and Accounting. Thus, I was able to enhance my understand of financial concepts as well as develop my quantitative analytical skills and problem solving abilities.

I am adept in manipulating computer programs. Courses in computers enabled me to use the internet as well as the MS-Office programs. I am especially skilled in using the spreadsheet software necessary for financial analysis.

I am bilingual in English and Korean. I have received most of my secondary schooling overseas in many different countries and this experience has allowed me to become confident and comfortable in using the English language as well as giving me a good command of French.

★ Why I am good to work with

My early experiences in an international milieu has taught me to accept diversity, thus making me a well-rounded diplomatic person. In addition, in order to adapt quickly to the frequent changes in environment I developed strong interpersonal and decision-making skills rendering me effective when working in a team environment.

★ Why my dreams are with COOBANK

I believe a career in financing with COOIBANK will allow me to fully make use of my abilities. There are certain key features COOBANK appeals to me very deeply. First, your company will provide me with an opportunity to work with a leader in this field, and it will also supply me with broad exposure to all aspects of financial analyzing not only within this society but also in the international community. I believe my credentials meet your requirements and I am confident that my competency in the field along with my hard work and drive to excel will make a significant contribution to COOBANK.

04

입사 프로세스와 면접준비

비서직 또는 사무직 취업을 위해
입사프로세스를 이해하고, 면접에 대한 이해를 하며,
모의훈련을 통해 면접에 자신감을 갖도록 실습 훈련한다.

1 입사 프로세스

입사를 하기 위해서는 취업에 대한 프로세스를
정확하게 이해해야 한다.

❖ 회사의 채용프로세스

★ 회사 자체 선발

- 신문이나 인터넷에 공고하거나, 관련 학과가 있는 학교에 의뢰를 한 후,
- 인사부에서 자체적으로 채용 프로세스를 진행
- 중소기업의 비서직이나 대기업의 비서직(급한 경우)이 많다.

★ 채용업체에 외주

- 계약관계에 있는 채용관련 업체에 필요한 구직의뢰를 하면,
- 채용업체가 채용에 관한 업무를 대행한 후
- 최종 면접은 회사에서 치루어 선발
- 상시로 필요 인재를 접수하기도 함

★ 입사절차

- 1차 서류전형 → 2차 입사시험 또는 면접시험(3-4단계) → 3차 신체검사
- 회사마다 고유의 인/적성 검사가 있을 수 있음(예 삼성의 SSAT)
- 비서직의 경우, 타이핑 테스트, 영어면접, 영어시험 등이 요구될 수 있음(예 로펌)
- 외국인 상사인 경우, 영어구술시험은 필수
- 영어가 필수인 경우, 공신력 있는 기관의 영어점수로 자신의 영어실력을 증빙

Step 1
서류전형

Step 2
시험 및 면접전형

Step 3
신체검사

(•) Tip!

추가사항

- 회사마다 이력서 및 자기소개서가 고유의 양식으로 갖춰진 경우가 대부분이므로 이 경우, 양식대로 작성해서 보내야 한다.

구직자가 취업정보를 알 수 있는 경로

★ 학과(또는 학교) 추천

- 학교 취업센터(게시판, 공고) → 누구나 지원
- 학과 추천(학과로 추천의뢰가 오는 경우) → 학과장 또는 지도교수 추천

→ 학교에 추천이 있는 경우는, 1차 서류전형이 대부분 면제되고 바로 2차 면접시험 경우는 학과를 대표하고 있기 때문에 더욱 세심히 면접프로세스에 임해야 한다. 재학생인 경우, 학과(학교) 추천이 보다 유리하므로 학과 방침을 잘 알아둔다.

★ 인터넷/신문

- 구직 사이트에 수시로 채용의뢰가 등록되므로 자세히 살펴볼 수 있다.
- 이전엔 신문에 구직광고가 대부분 실렸으나, 점차 인터넷 구직이 많아지고 있다.

★ 헤드헌팅 업체

- 인력업체는 늘 수시로 이력서를 접수받고 있기 때문에 희망 직종을 반드시 기재한 후 수시로 연락을 해봐야 한다.
- 인력업체는 구직자의 이력서가 기업의 DB로 존재하기 때문에, 경우에 따라서는 이력서 접수 후 1년 정도 후에 연락이 올 수도 있다.

★ 회사 홈페이지

- 요즘은 회사에서도 수시로 지원자의 이력서를 접수 받기도 한다.(예 로펌)
- 혹은 인재채용 기회가 있을 때 pop up으로 올리기도 하고, 게시판에 올리기도 한다.
- 이 경우는 다른 곳에 동시에 구인광고를 올리지 않기에 본인이 원하는 기업이 있으면 수시로 홈페이지를 확인해봐야 한다.

✔ 학과 추천을 받는 경우 주의점

학과 추천의 경우는 **피드백**이 매우 중요하다.

특히 비서직의 경우, 상사의 출장 등으로 인해 면접의 프로세스가 1달 이상이 소요될 수도 있기 때문에, 현재 면접 진행 중에 있다는 사실을 반드시 학과에 피드백 해야 한다. 마찬가지로 면접이 불합격된 상태에도 즉시 학교에 연락하도록 한다.

프로세스

추천 → 응락 여부 결정 → 서류 접수 → 인터뷰 날짜 확인 → 보고 → 인터뷰 실시 → 중간 보고 → 인터뷰 당락 결과 보고

🍴 Tip!

비서직 관련 진출 가능 분야!

- "비서직, 사무직, 팀비서, 리셉셔니스트, 사무관리자, office admin" 등
- 외국기업 및 로펌의 경우, 리셉셔니스트는 비서직과 같은 수준으로, 즉 영어가 뛰어나야 하며, 업무는 거의 비서업무를 수행함

11 다음과 같은 경우에, 각각의 구체적인 취업프로세서를 직접 알아보고, 지원자의 입장에서 해야 할 일을 써보자.

1) 홈페이지에 게재된 경우

2) 신문에 게재된 경우

3) 헤드헌팅 업체에서 채용공고가 난 경우

4) 전문채용업체의 싸이트를 찾아보자.

2 면접의 종류

> **비서직의 경우는 면접의 비중이 가장 크다.**

면접시험

- 1차 서류전형에서 합격한 지원자(능력/기술 합격자)중에서 2차 면접 실시
- 조직의 적응력과 인성 및 성품 등 지원자의 종합평가가 중요함
- 지원자의 취업의지 및 전문지식 등 파악
- 조직의 인재상과의 부합 여부 판단
- 언어구사력, 표현력, 상황 판단력 등을 판단할 수 있는 시험

> **특히 비서의 경우 면접의 비중이 다른 직보다 매우 높으며, 여러 차례 면접이 실시**될 수 있고 최종면접은 상사와 직접 실시해야 하므로 상사의 일정(예 출장)에 따라 면접기간이 길어질 수도 있다약 1달 이상).

면접의 종류

> 개별면접, 집단면접, 집단토론면접, 프레젠테이션면접, 식사면접, 기타면접 등
> 기업마다 차이는 있으나, 여러 종류의 면접이 적절히 병행되어 사용됨
> 최근 2020년 코로나 팬데믹 이후에는, **화상면접** 및 **AI 면접** 등 비대면 면접이 많이
> 활용되고 있다.

★ 개별면접

- 형태: (지원자 1명 VS: 면접관 여러 명)
- 장점: 지원자에 대해 심층적인 면접이 가능함. 개인의 성품 및 자질의 상세한 파악
- 단점: 지원자의 긴장감 조성, 면접위원의 다양성으로 인한 두려움
- 준비: 면접위원 전체에게 대답하는 모습 필요. 특정위원에게 너무 집착하지 말 것
- 비서직 경우, 인사담당자들로 구성된 개별면접이 2~3차에 이루어지고, **최종면접에서는 상사와 1:1 면접**을 실시하는 경우가 일반적

★ 집단면접

- 형태: (지원자 여러 명: 면접관 여러 명(가장 많이 실시)
- 장점: 면접시간 단축. 지원자들의 상대평가 가능
- 단점: 상대평가에 대한 부담감 및 위축감
- 준비: 다른 지원자의 질문에도 본인의 대답을 준비하며 경청자세 필요. 동일한 질문인 경우는 답변의 차별화가 필요함

★ 집단토론면접

- 형태: 지원자들을 조로 구성하여, 주제에 대한 토론을 진행하게 하고 심사자가 이를 평가함
- 방식: 주제에 대해 자유로이 토론하는 방식, 찬반을 나눠 토론하는 방식, 결론에 이르는 방식 등
- 장점: 지원자들에 대한 지식, 논리성, 협동성에 대한 파악이 가능
- 단점: 주제에 대한 지식이 짧은 경우 토론과정에 상대적으로 불리
- 준비: 맡은 역할에 충실할 것, 본인의 주장이 분명하게 발표할 것, 격한 토론 및 감정은 배제하고 경청의 자세를 보일 것

★ 프레젠테이션 면접

- 형태: 미리 받은 주제에 대한 프레젠테이션 자료를 준비하여 발표하는 형식
- 장점: 주제에 대한 인식, 발표자료의 제작수준, 논리력 및 발표력 등 평가가 가능
- 단점: 같은 주제인 경우, 다른 지원자와 상대적인 비교에 대한 부담, 시간의 제한
- 준비: 주제에 대한 폭넓은 지식과 정보가 필요, 발표자료제작에 대한 철저한 준비 및 시간 조절에 대한 주의가 필요

★ AI 면접 (비대면 면접)

- 형태: On Line 상에서 주어진 시간 내에 설정된 질문이 나오고 이에 대한 답변을 해야 하는 형태
- 장점: 언제 어디서든 비대면으로 면접을 볼 수 있다.
- 단점: 얼굴 및 상반신만 볼 수 있다.
- 준비: 컴퓨터 환경, 카메라 등을 잘 구비해야 함.

팀과제

12 선배나 아는 사람을 통해, 한 기업을 선정한 후, 그 기업의 면접방식을 구체적으로 알아보자.

3 면접 준비

철저한 면접 준비만이 취업을 향한 지름길

기업마다 차이는 있으나, 개별면접, 집단면접, 집단토론면접, 프레젠테이션면접, 식사면접, 기타면접 등 여러 종류의 면접방법이 적절히 병행되어 사용되므로, 면접형식을 이해했다면, **면접 대비를 철저히 해야 한다.**

Step 1 면접준비

면접자료 및 면접준비

취업시즌이 오기전에 다음과 같은 준비를 미리 미리 해 놓는다.

★ 신문의 취업정보기사/시사경제 꾸준히 읽고 스크랩하기

1) 신문명, 기사내용별로 구분

2) 회사정보 스크랩

3) 면접방법, 면접내용 등에 관련된 내용 스크랩

4) 시사경제관련 및 상식 꾸준히 읽고 스크랩

★ 자신의 장단점을 고려한 SWOT분석표 작성

1) 본인의 장점/단점 적기

2) 강점/약점 찾기

3) 대책 및 보완점 계획세우기

★ 관심있는 회사 홈페이지 및 자료 꾸준히 스크랩

1) 관심있는 회사는 하루에 한번 씩 꼭 들어가보자.

2) 취업정보 및 채용정보 스크랩

3) 회사정보, 제품정보, 광고정보 등

4) 회사에 관한 내용 숙지(역사, 제품, 이념, 규모, 인재상, 면접방법 등)

★ 완벽한 서류 구비와 포트폴리오 제작

1) 완벽한 이력서, 자기소개서 작성

2) 필요한 취업관련서류 및 증빙서류 구비

3) 위의 내용을 포함한 취업관련 서류가 포함된 포트폴리오 제작

★ 채용 사이트

1) 관심 있고 믿을만한 채용사이트에 자주 가보기

2) 기업의 요구조건 알기

★ 면접노트 제작 및 꾸준한 면접연습

1) 면접에 대한 모든 사항을 기록할 수 있는 노트 작성

2) 예상 질문과 답변 정리하여 노트에 적고 외우기

3) 꾸준한 면접 반복 연습(모의면접 통한 연습)

★ 자기 소개 암기 및 연습

1) 자기소개는 기본

2) 완벽한 자기소개(우리말, 영어, 기타 외국어)를 작성하여 외운다.

3) 자기소개서와는 달리 1분 안에 인상깊게 작성해야한다.

 자기소개

✓ 자기소개서 암기? Oh, No!

- 자기소개서 내용을 암기하는 것 절대 금물

- 1분 정도로 내용을 다시 작성

- 틀리지 않고 웃으면서 암기

- 틀려도 웃으면서 바로 다음으로 넘어가기

- 좌우명, 기억에 남을만한 내용으로 시작하기

✅ **면접 노트 제작은 필수!**

자기소개는 물론 인터뷰 예상질문과 답변을 정리하여 바로 바로 꺼내 쓰자!

 자기소개

✅ **자기소개, 확실하게 외우자**

- 외국어로 자기 소개할 경우 → 반드시 문법/발음 확인
- 확실하지 않은 내용은 말하지 않기 → 되물어 보는 경우 多
- 좌우명, 본인 신조, 자신이 좋아하는 문구 → 역시 깊이 물어보는 경우가 많으므로 자세하게 알고 있어야 함

 Tip!

자기소개서 및 자기소개!
- 자기소개서는 다른 사람들 것을 참고만 하되, 본인의 개성으로 쓸것
- 절대 남의 것 베끼지 않는다!
- 구두로 하는 자기소개, 특히 영어나 외국어의 경우는 철저히 확인을 받아 오류가 없도록 각성한 후, 완벽하게 외운다!
- 이때 외국인의 발음도 녹음하여 이를 모방해본다!

완벽한 면접 복장

회사에서는 면접자의 복장이 불량하거나 이미지가 단정하지 않다면 이미 불합격

1) 머리에서 발끝까지 단정하고 깔끔하게

2) 이마를 가리지 않게 하고, 귀를 보이게 한다.

3) 단발머리는 단정하게, 긴머리는 잔머리없이 망으로 깔끔하게 묶는다.

4) 색상은 검정투피스를 준비하고 자켓이 너무 짧지 않은 것을 선택한다.

5) 피부가 밝다면 밝은 색상의 정장도 무방

6) 치마길이는 무릎선 정도

7) 구두는 기본형으로 굽이 지나치게 높거나 앞/뒤트임이 있는 것은 금물!

8) 핸드백보다는 소지품을 넣을 수 있는 손가방이 좋다.

9) **소지품**: 수험표, 이력서, 자기소개서, 성적증명서, 졸업(예정)증명서 → 포트폴리오, 면접노트, 회사소개책자, 지갑, 도장, 신분증, 손수건, 휴지, 필기도구, 지우개, 메모지, 잔돈, 전화카드, 예비스타킹, 빗 등

 면접준비

✓ 면접준비 및 마음가짐

• '복장: 차분한 색상 정장, 구두, 손가방, 스커트길이주의, 짙은 매니큐어/액세서리 금물

• 머리: 되도록 이마를 보이게, 잔머리 없는 깔끔한 머리 스타일

13 선배나 아는 사람을 통해, 한 기업을 선정한 후, 그 기업의 면접방식을 구체적으로 알아보자.

1. 면접 복장을 모두 입고 온다.

2. 면접 복장을 입고 자기소개를 1분씩 해본다.

3. 영어와 제2외국어로 암기한다.

4. 이때 비디오로 각자의 모습을 촬영한다.

5. 잘한 점과 고칠 점을 쪽지로 적어 서로 서로 알려준다.

〈자주 나오는 면접 시험 질문 120〉

다음의 내용은 일반적으로 면접문제로 자주 나오는 것으로 알려져 있다.

자기소개

1. 3분 동안 자기 PR을 해 보십시오.
2. 자신의 장점과 단점을 말씀해 주십시오.
3. 당신은 어떤 개성이 있다고 생각합니까?
4. 특기가 있습니까?
5. 리더쉽이 있는 편이라고 생각합니까?
6. 협조정신이 있다고 생각합니까?
7. 어떤 타입을 좋아합니까?

8. 지금까지 좌절감을 맛본 적이 있습니까?
9. 대인관계를 잘 유지할 자신이 있습니까?
10. 외동딸이군요?
11. 당신은 어떤 버릇이 있습니까?
12. 일을 시작하면 끝까지 합니까?
13. 물건 파는 일도 자신이 있습니까?
14. 호기심이 많은 편입니까?

지원동기

1. 우리 회사를 지원한 이유는 무엇인가?
2. 회사를 선택할 때 중요시하는 것은 무엇인가?
3. 우리 회사에 대하여 알고 있는 것은 무엇인가?
4. 추천인과는 어떤 관계에 있습니까?
5. 다른 회사에도 응시했습니까?
6. 우리 회사에 채용이 안되면 어떻게 할건가?
7. 우리 회사와 다른 회사 모두 합격한다면?

8. 지망 회사를 결정하기 위하여 누구와 상담했나?
9. 가업을 이어받지 않아도 됩니까?
10. 우리 회사 같은 중소기업을 택한 이유
11. 왜 지방 기업에 취직하려고 합니까?
12. 우리 회사의 장·단점을 아는대로 말하시오.
13. 우리 회사제품을 어떻게 생각하십니까?
14. 집에서 회사까지 교통편이 어떻습니까?

직업의식

1. 당신에게 직업을 어떤 의미를 갖습니까?
2. 입사하면 어떤 일을 하고 싶습니까?
3. 희망부서에 배치되지 않을 경우에는 어떻게?
4. 희망하는 근무지가 있습니까?
5. 시간외 근무를 어떻게 생각합니까?
6. 휴일 근무를 어떻게 생각합니까?
7. 일과 개인생활 중 어느 쪽을 중시합니까?
8. 격주 휴무제에 대해 어떻게 생각합니까?
9. 어떤 일이 적성에 맞는다고 생각합니까?
10. 당신의 특성을 일에서 어떻게 살릴 생각인지?
11. 입사 후 다른 사람에게 절대로 지지 않는것은?
12. 회사에 대해 질문하고 싶은 것이 있습니까?

13. 신입사원으로서 마음써야 할 것은 어떤것?
14. 비즈니스 사회에서 가장 중요한 것은 무엇?
15. 우리 회사에서 언제까지 근무할 생각입니까?
16. 어디까지 승진하고 싶습니까?
17. 어떤 사람을 상사로 모시고 싶습니까?
18. 첫 월급을 타면 어디에 쓸 겁니까?
19. 출근 시간은 어떤 의미를 갖는다고 생각합니까?
20. 학생과 사회인의 차이점은 무엇입니까?
21. 상사와 의견이 다를 때는 어떻게 하실 겁니까?
22. 자기 주장과 협조성에 대해서 어떻게 생각하나?
23. 출세하고 싶습니까?

대학생활·친구

1. 학창시절에 무엇엔가 열중했던 적이 있나?
2. 무엇을 전공했습니까?
3. 졸업논문의 주제는 무엇입니까?
4. 어떤 서클 활동을 했습니까?
5. 아르바이트를 한 적이 있습니까?
6. 학점이 좋지 않은데 이유가 무엇입니까?
7. 대학생활에서 얻은 것이 있다면 무엇입니까?

8. 제일 좋아하는 과목은 무엇입니까?
9. 친하게 지내는 친구에 대해 말해보시오.
10. 친구는 당신에게 어떤 존재입니까?
11. 친한 친구가 몇사람 있습니까?
12. 친구들은 당신을 어떻게 보고 있습니까?
13. 친구들에게 의논을 받는 편입니까?
14. 대학시절에 취득한 자격증이 있습니까?

인생관

1. 취미가 무엇입니까?
2. 스포츠를 좋아합니까?
3. 주량은 어느 정도입니까?
4. 휴일에는 시간을 어떻게 보냅니까?
5. 기상시간과 취침시간을 말해 주십시오.
6. 부모님을 떠나 생활해 보니 어떻습니까?
7. 최근에 읽은 책의 감상을 말해 주십시오.
8. 요즘 만나고 싶은 인물이 있다면 누구입니까?
9. 부모님에 대해 어떻게 생각하십니까?
10. 신문은 어느 면부터 봅니까?
11. 최근에 흥미있는 뉴스는 무엇입니까?
12. 존경하는 사람은 누구입니까?
13. 당신의 생활신조는 무엇입니까?
14. 한달에 용돈을 얼마나 씁니까?
15. 돈, 명예, 일 중 어느 것을 택하겠습니까?
16. 건강관리를 위해 어떤 것을 하고 있습니까?
17. 요즘 젊은 사람에 대해 어떻게 생각하십니까?
18. 5년 후 어떤 생활을 보내고 있을 것인가?
19. 20대의 각오에 대해 말해보십시오
20. 지금 제일 원하는 것은 무엇입니까?

일반상식 · 시사

1. 마케팅에 대해 설명해 보십시오.
2. 무역마찰의 해소는 어떻게 해야 한다고 생각?
3. 기업의 사회적인 책임에 대해서 말씀해보시오.
4. 환경보호에 대해 어떻게 생각하십니까?
5. 우리나라 지진발생 가능성에 대해 어떻게 생각?
6. 기업의 구조조정에 대한 견해를 말씀해보시오.

여성응시자

1. 여성으로서 경영자가 되고 싶습니까?
2. 몇 년 정도 근무할 생각입니까?
3. 결혼하면 직장은 어떻게 할 겁니까?
4. 왜 고향을 떠나 취직하려고 합니까?
5. 차 서빙에 대해 어떻게 생각합니까?
6. 남녀고용 평등법을 어떻게 생각합니까?
7. 회사에서의 여사원 역할을 어떻게 생각합니까?
8. 애인이 있습니까?
9. 남녀 교제에 대한 생각을 말해 주십시오.
10. 술이나 담배를 합니까?
11. 화장하는데 얼마나 걸립니까?
12. 남을 돌보아 주는 것을 좋아합니까?

뜻밖의 질문

1. 1년 공백 기간동안 무엇을 했습니까?
2. 우리 회사에 맞지 않는 것 같은데요.
3. 취직할 생각이 있는 겁니까?
4. 지금 그 말은 무책임한 말 아닙니까?
5. 1000만원이 갑자기 생기면 어떻게 사용할건가?
6. 친구끼리 붙들고 싸우면 어떻게 하겠습니까?
7. 열의가 느껴지지 않는데?
8. 자네는 나하고 동향이군.
9. 갑자기 돈이 필요하다면 어떻게 하시겠습니까?
10. 이 장소에 불이 났다면?
11. 다시 태어나면 무엇이 되고 싶은가요?
12. 주위 사람들이 당신의 험담을 한다면?
13. 성적이 좋지 않은데, 전공자라고 할 수 있나?

면접노트에 위와 같은 질문과 자신의
답변을 정리하여 둔다.

14 자신의 이력서 및 자기소개서를 살펴보고, 예상 질문과 답을 면접노트에 써보자 (각 20개)

15 팀원 두 명이 짝을 지어 상대의 자기소개서를 보고, 예상 질문과 답을 해보자
(각 20개)

Step 2 면접 전날

면접 전 날 해야 할 일

> 면접 바로 전날에, 다음의 사항을 확인한다.

★ 회사가는 길 확실하게 알아두기

1) 전날 미리 회사까지 가보는 것도 좋은 방법(소요 시간확인)
2) 기본 정보 확인(입사지원서와 자기소개서 확인)
3) 자기소개 암기 및 면접노트 복습
4) 면접복장 손질해놓기
5) 충분히 수면을 취한다.

★ 다음의 점검표(A PRE-INTERVIEW CHECKLIST)를 보고 확인(∨)해보자.

점검내용	확인
1. 복장은 깔끔하고 단정한가요?	∨
2. 회사에 대한 정보는 다 수집하여 암기했나요? (제품, 정책 등)	∨
3. 누구와 인터뷰하는지는 아나요? 모른다면 비서에게 물어 봅시다.	∨
4. 면접예상질문(예상질문과 예기치 않은 질문)에 대한 답을 생각해봤나요?	∨
5. 면접연습을 친구 또는 가족과 함께 해보았나요?	∨
6. 포트폴리오를 챙겼나요? 다음의 준비물을 챙겼는지 확인해봅시다.	∨
• 이력서	∨
• 자기소개서	∨
• 성적증명서	∨
• 졸업증명서	∨
• 신분증	∨
• 추천서(필요시)	∨
• 직장 옮길 경우는 재직증명서	∨
• 인터뷰 담당자에게 질문할 내용	∨
• 필기구	∨
• 메모지	∨
• 수정액	∨
• 스타킹	∨
• 손수건	∨

포트폴리오 챙기는 것
잊지마세요!!!

Step 3 면접 날

🎯 면접 날 해야 할 일

면접 날 아침부터 면접 끝날 때까지 유의해야 할 내용을 알아보고 확실히 하자.

★ **아침신문은 반드시 챙겨 읽고 간다.**

★ **면접 장소에 15분 전에는 반드시 도착 한다.**

1) 전날 미리 회사까지 가보는 것도 좋은 방법(소요 시간확인)

2) 회사 입구부터 마주치는 사람들에게 목례하고 미소 짓는다.

3) 화장실에 들러서 머리, 복장 상태를 점검한다.(특히 목소리 조심!)

4) 면접대기실에서는 진행요원에게 예의바르게 행동하고 지시에 잘 따른다.

5) 자기소개를 암기하고 면접노트를 보고 예상 질문에 답을 생각해 본다.

6) 예비직장인으로서의 당당함과 자신감을 보이는 모습으로 앉아 있다.

진행요원은 또 한명의
숨은 면접관

🎞 면접준비

✓ 면접장

- 미리 장소를 정확하게 인지할 것. 전날 답사

- 15~30분전 도착, 화장실에서 점검

- 회사 내에서 언행주의, 인사

✓ 회사 및 질문내용

회사 건물에 들어서는
순간부터 만나는 모든
사람이 바로 면접관!

- 자기소개서 참조

- 예상 질문과 답변준비

이런 행동 절대 안돼요! **No!** 쉿

- 화장실, 인터뷰 대기 시, 시험장에서 친구와 떠드는 것
- 면접대기 시, 화장 고치는 행위/다리꼬고 앉기
- 면접 진행자에게 아무 말이나 되는대로 얘기하기
- 면접 진행자의 말을 따르지 않는 행위
- 전화 문의 시, 자신 밝히지 않고 자기 말만 하기

❈ 면접장에서

★ 면접 장 안으로 들어가기

① 들어오라는 지시가 있을 때까지 얌전히 대기하기(절대 잡담 금지!)

② 코트나 짐은 안내나 비서에게 잠시 맡겨둔다.

③ 노크를 살짝 하고 조용히 문을 열고 바로 들어간다.

★ 면접 장 안에서

① 들어가자 마자 면접관을 향해 바르게 인사한다.

② 인사는 배꼽인사로 손은 배꼽위치로 45도 인사한다.

③ 앉으라는 얘기가 있을 때까지 서서 기다린 후, 앉으라고 할 때 바르게 앉는다.

④ 앉은 자세 조심(머리와 허리세우고, 손은 무릎 위로, 다리는 한쪽으로 모은다)

⑤ 되도록 떨지 말고 좋은 자세를 유지하며, 겸손한 태도 유지

⑥ 목소리 높낮이/크기를 조절하고, 또렷하고 힘찬 음성으로 잘 들리도록 답변

⑦ 면접관의 말을 끊지 말고 끝까지 듣고 대답한다.(미소 필수!)

⑧ 자신감 있는 어조로 논리적으로 답변하고, 어미는 '~습니다.'로 처리

⑨ 대답은 항상 웃으면서 하며, 바른말과 존대말을 사용

⑩ 시선은 상대를 부드럽게 바라보고 미소 짓는다.

⑪ 과장/거짓말은 안되며, 대답은 항상 결론부터, 이유나 설명을 짧게 덧붙인다.

⑫ 너무 길게 대답하거나, 반대로 짧은 단답형은 피하며, 일관성있는 대답을 한다.

⑬ 자신의 답변이 마음에 들지 않더라도 미소를 잃지 말도록 한다.

⑭ 면접관이 질문이 있냐고 하면, 준비해 간 질문을 한가지 한다.

⑮ 면접이 끝나면, '이렇게 면접의 기회를 주셔서 감사드립니다'라고 말한다.

⑯ 면접이 끝나고 나가라고 하면, 바르게 인사하고 조용히 문을 닫고 나온다.

⑰ 면접장 밖으로 나오면, 소지품을 맡아준 비서에게 정중하게 인사하고 나온다.

 Tip!

회사의 모든 곳은 면접장소!!!

• 화장실, 복도, 면접대기실에서 항상 면접을 본다는 심정으로 바르게 행동한다.

• 절대 떠들지 않는다.

• 안내를 해주는 비서나 인사팀장은 제2의 면접관!

• 그 이유는, 면접관들은 이들에게 면접장 밖에서의 후보자의 행동을 물어보기 때문이다.

 면접준비

✓ 태도

- 노크 및 문 조심
- 인사
- Eye to eye contact
- 손, 몸가짐 주의
- 결론부터, 감사인사
- 자기소개 1분 정도 명확하게(우리말/영어/중국어)

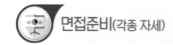 면접준비(각종 자세)

(X)　　　(O)

 질문내용

- 신상: 가족, 가훈, 교우관계, 재학시절, 특기, 활동사항, 전공

- 기업: 지원한 기업에 대한 모든 것

- 업무내용: 지식, 능력, 사무기술, 영어회화

- 희망업무 및 보수: 자기개발 피력, 경우에 따라 협상

- 시사상식: 주요 시사, 경제 현상(신문을 반드시 읽고 가자)

- 태도/마음가짐: 의중 파악

 평가기준

- 용모/인상/건강

- 태도/자세

- 표현력

- 사고력

- 회사이해

- 전공지식

- 영어면접

영어면접 또는 외국기업의 면접

- 국내 기업의 외국인 비서나 로펌에서는 영어면접이 필수!
- 외국기업의 면접시험은 자기 세일즈이며, 입사의 최대 관건
- 보통 면접을 실무자와의 면접에서 임원진까지 서너 차례를 거친다.
- 국내기업의 스펙보다 영어 면접의 중요성이 더 크기에 치밀한 준비는 필수
- 기본 요령은 일반 면접과 비슷하나 좀 더 자신감을 갖는다.

 면접 요령

- 첫인상을 좋게 하라.
- 한국인 앞에서는 정중함을, 외국인 앞에서는 자신감을 가져라.
- 면접위원의 질문을 끝까지 잘 듣고 질문요지가 무엇인지 정확히 이해

  (대부분 WH QUESTION이기에 핵심어를 잘 전달하면 OK!)
- 질문이 끝나면 시간을 끌지 말고 즉시 대답
- 공손한 표현법, 성의 있는 답변
- 간단한 답변이라도 정확한 영어표현으로 구사
- 대화법을 익혀라(대답 끝에 면접위원 이름을 붙인다).
- 실수 또는 대답을 잘 못했을 때 면접 도중 한국어가 나오지 않도록 주의
- 항상 긍정적인 답변이 좋다.
- 틀려도 마지막 순간까지 최선을 다한다.
- 업무와 연결된 예상문제에 대한 답을 작성해 연습하라.
- 꾸준하게 면접연습을 하라.
- 실제 모의연습을 외국인과 해본다.

QUESTIONS   *POSSIBLE ANSWERS*

If you were starting college over again, what courses would you take?

→ *I would major in the same field*

How much money do you hope to make by the age of 30?

→ *At least 50 percent more than my entry level salary today.*

What do you plan to be doing in your career five to ten years from now?

→ *I plan to hold a CPS and be an administrative assistant to an executive.*

Do you prefer to accomplish work with others or by yourself?

→ *This depends on the nature of the work (then provide an example).*

Do you think you have done the best scholastic work of which you are capable?

→ *(This answer will vary. Be honest.)*

What special interests do you have?

→ *Sports, reading, cooking.*

What have you learned from some of the positions you have held?

→ *To work under pressure and to work with many types of individuals.*

What are your future educational plans?

→ *To prepare for the CPS examination.*

What personal characteristics do you believe are important in your field?

→ *Pleasant personality, cooperation, willingness to accept responsibility.*

What do you think determines a person's progress within a company?

→ *Performance on the job.*

Why did you choose the secretarial field?

→ *I like the office environment; I enjoy the skills required in the secretarial field.*

Replies are reduced due to space limitations.

Additional Questions:

What do you expect your references to say about you when I call them?

How well do you work under pressure? Give an example.

What goals would you hope to achieve with our company?

How would you describe yourself?

What people have influenced your life? How?

Why should we hire you?

What two or three accomplishments have given you the greatest satisfaction?

Describe a typical day on your last job.

What do you consider your strengths? your weaknesses?(Give positive weaknesses, such as impatience, exacting, etc. Which are terms often used by employers to describe good workers.

〈외국기업 구인광고에 자주 등장하는 직종〉

Account Executive	회계담당중역	Interpreter	통역관
Accountant	회계사	Legal Secretary	법률비서
Account Clerk	회계사원	Manager	경영자, 관리자
Administration Manager	관리자	Market Analyst	시장 분석가
Analyst	분석가	Mechanical Engineer	기계 공학자
Bookkeeper	부기	Office Administrator	행정총괄책임
Business Manager	사업관리자	Office Assistant	사무보좌
Chemist	화학자	Office Manager	사무관리자
Clerk & Secretary	사원/비서	Planner	계획입안자
Computer Engineer	컴퓨터 기술자	Product Manager	생산관리자
Computer System Manager	컴퓨터시스템 관리자	Production Engineer	생산기술자
Copywriter	카피라이터	Programmer	프로그래머
Counselor	상담역	Researcher	연구조사원
Credit Analyst	신용분석가	Sales Administration Clerk	영업관리사원
Data Processing Clerk	정보처리 사원	Sales Engineer	영업기술요원
Economic Research Assistant	경제 조사 보조원	Sales Executive	영업담당중역
Editor	편집장	Sales Manager	영업 관리자
Electrical Engineer	전기 기술자	Sales Supervisor	영업 감독
Finance Executive	재무담당중역	Secretary/ Office Professional	비서
English Instructor	영어 교육자	Supervisor	감독관
Finance Executive	재무담당중역	System Adviser	시스템 고문
Financier	재무관	Systems Operator	시스템조작원
Fund Manager	자금 관리자	Translator	통역관
Hardware Engineer	하드웨어 기술자	International Grain Trader	국제 곡물 거래자
International Sales Staff	해외영업 사원		

이제부터는 인터뷰 단계에 의해 모의 인터뷰를 준비해보자!

 모의인터뷰 – 1단계

- 각 팀이 가상 기업 설정
- 구인광고 작성(비서직 자격요건 설정)
- 팀원을 면접관과 면접자로 구분
- 인터뷰 가상 시나리오 작성
- 실제 Roll Play(질의 및 응답 구현)

 모의인터뷰 – 2단계

- roll play 팀은 면접자
- 나머지 학생은 면접관
- 면접관의 질문에 대한 즉각적인 응답 연습
- 면접관은 실제 면접 질문 준비

모의인터뷰 – 3단계

- 자기소개(우리말)
- 비디오 촬영
- 모니터링
- 영어 및 기타 외국어 자기소개

Roll Play

 실 전

- 실전 모의면접
- 교수님과 외부 인사면접관 참석
- 질의 응답
- 녹화
- 피드백

실전모의
면접

팀과제

18 2개조씩 나누어 1조는 면접관 1조는 입사지원자가 되어 역할연기를 해보자.

신문 또는 인터넷에서 비서직 구직광고를 찾아, 해당기업의 상황을 만들어 역할연기 (roll playing)를 해보자.

1) 비서직 구직광고 찾거나 만들기

2) 시나리오 만들기(면접관 역할, 지원자 역할, 안내자 역할 등을 제시하여 면접 장소에 들어가서 나올 때까지를 role play해본다.)

3) 모든 학생은 면접복장이 필수

4) 역할을 바꾸어 연습해본다.

19 5개조가 있다면, 1조는 지원자 그룹이고 나머지 조는 면접관

이때 지원자 그룹은 단상에 올라가서 자기소개를 한 후, 나머지 조원들이 각자 질문을 하여 면접 질문과 대답하는 상황을 연습해보자.

1) 모든 조원: 예상 질문 20개 써오기

2) 지원자 그룹은 교대로 단상에 올라가서 다른 조원의 질문에 대답해본다.

3) 이때 예상치 못한 질문이 나올 수도 있다.

4) 1조의 지원자 그룹이 대답을 마치면 다른 한 조가 지원자가 되어 단상에 올라간다. 이후 교대로 지원자 그룹을 바꾸어본다.

Step 4 　면접 피드백

면접 후 해야 할 일

면접이 끝나거나 모의면접 후에는 반드시 결과를 살펴보고, 개선할 점을 찾아본다.

★ 모의인터뷰 때 칭찬을 받거나 지적받은 사항을 반드시 개선한다.

★ 면접관으로부터 의상, 태도, 언어구사 능력 등 피드백을 받는다.

★ 동영상을 촬영한 자신의 모습을 보면서 자기 소개때 부족한 점을 찾아본다.

 모의인터뷰

✓ **피드백의 중요성**

- 한번의 면접에서 성공? 극히 어려움
- 본인의 면접의 강/약점을 알아야 함
- 태도, 언어구사능력, 자세 등
- 면접의 swot분석 필요
- 꾸준한 모니터링 필요

면접 후 모니터링한
결과를 수정 반영 하는것이
필요함

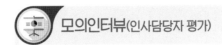

질문과 답

- 이력서와 자기소개서에 쓴 내용을 확실하게 답변하라.
- 대충 아는 내용은 쓰지 말고, 어디서 본 내용은 삭제하라.
- 압박면접인 경우는 자신감 잃지말고 합리적인 이유를 대라.
- 책, 존경인물을 한가지 정도 자신있게 준비해라.
- 구체적인 답변을 하고, 핵심어만 얘기해라.

자신의 이력서와 자기소개서는 면접 질문의 출발점이므로
분명하게 대답할 수 있게 준비합시다!

태도

- 서있거나 앉아있는 태도는 바르게 하고,
- 다리를 반듯하게 하고, 한쪽 방향으로 모은다.
- 손을 가지런히 모은다.

언어구사능력

- 어미는 '-습니다.

미소를 잊지 마세요!!

자기소개 및 면접연습

✓ **팀**

· roll play 준비: 면접시작-끝까지

✓ **개인**

· 자기소개(1분), 인터뷰 질문받기

✓ **외국어 자기소개**

· 영어 및 중국어/일어

· 자기소개서(서류)의 내용과 구두로 하는 자기소개는 내용이 틀려야 한다.

· 간결, 핵심, 강조점 찾기

· 한번에 끝까지 웃으면서 말할 수 있을 때까지 **연습!!**

05

직장적응과 경력개발

학습목표

비서직 또는 사무직 진출 이후의
첫 직장의 적응방법을 알아보고
자기계발을 위한 평생교육을 설계한다.

1 직장적응 태도(Attitude)

입사 후 회사에 적응하기 위해 최선의 노력을 기울인다.

입사 후 한 조직의 비서나 사무직으로 입사한 후에는 회사에 적응하기 위한 본인의 노력이 매우 중요하다. 기본적인 마음가짐 및 태도(attitude)에 대해 알아보자.

★ 첫인상은 인사에 의해 결정!

- 밝은 인상과 환한 미소로 공손히 인사한다.
- 사무실 안과 밖, 복도, 회사에서 마주치는 모든 사람들에게 미소로 인사한다.
  - 예 "안녕하세요, 이번에 새로 입사한 비서실 김수미입니다. 잘 부탁드립니다."

★ 회사의 규정과 규칙을 알아보고 반드시 지키자!

- 회사의 편람이나 자료를 통해 회사의 규정을 알아보고 반드시 지킨다.
- 규정) 휴가, 출퇴근, 근무, 승진, 복장 규정 등
- 규정에는 명시되어 있으나, 비서실 및 사무실내의 암묵적인 규칙이 있다면 그것을 따른다.
  - 예 사장님 비서는 상사 출장 때만 휴가를 쓸 수 있다.(비서실 규칙)

★ 한번 본 사람들은 반드시 암기!

- 처음에 인사한 사람들이나, 업무 중에 만난 사람들은 반드시 기억하여, 다음에는 이름이나 직함을 부르며 일한다.
- 이를 위해 항상 메모하거나 조직도표를 이용하여 암기한다.
  - 예 조직도표를 축소 복사하여 이름과 사진을 함께 넣고 틈날 때마다 익힌다.

★ 선배나 멘토의 가르침을 빠르게 익히자!

- 선임비서나 멘토의 가르침을 잘 듣고 바로 활용할 수 있도록 빠르고 정확하게 익힌다.
- 잘 모를 때는 바로 질문을 하여, 정확하게 인지해야 하며 추측은 금물!
  - (예) 비서수첩이나 노트를 이용하여 선배의 가르침을 바로 적는다.

★ 복장 및 화장은 또 하나의 명함!

- 사람들의 이미지, 특히 첫인상은 복장에서 결정된다.
- 더욱이 아직 업무를 파악하지 못한 상태에서는 복장 및 화장에 따라 나의 이미지가 결정되기에 단정한 복장과 너무 진하지 않은 화장이 중요하다.
- 지나치게 비싼 고가의 의상, 요란한 액서서리, 화려한 매니큐어, 노출이 심한 복장 등은 삼간다.
  - (예) 기초화장, 단정한 투피스 정장, 굽이 낮은 깨끗한 구두, 단정한 머리스타일!

★ 나의 소속은?!

- 전체 조직상에서 본인의 부서 및 위치를 정확하게 알아야 한다.
- 비서직의 경우, 보좌하는 상사 이외에 본인의 상하관계가 따로 있을 수 있다.
  - (예) 사장 비서의 소속이 총무부인 경우, 비서는 사장님 이외에 총무부장이 상사가 된다.

★ 성실한 근무태도는 가장 중요!

- 적극적으로 배우려는 태도와 성실한 자세는 기본
- 출퇴근 시간 엄수, 작은 일에 최선, 자신의 일 이외에도 자발적인 적극적인 협조 등이 필요
  - (예) "부장님 이 일은 제가 맡아서 해보겠습니다."

 **직장적응**

✔ **나의 소속은?**

- 상사는?
  - 예 마케팅 담당 부사장, 사업부팀장, 회장님과 사장님 등
- 나의 소속은?(회장실, 부속실, 마케팅사업부)
- 적극적인 태도로 일한다.

✔ **적응태도**

- 인사
- 사람 이름/얼굴 외우기
- 업무파악
- 작은 일에 최선
- 직장규율파악
- 비서직 복장착용
- 시간외 근무 및 즐겁게 일한다.

Tip!

- 작은 일에 최선을!
- 모든 일에 미소를!
- 인사예절, 악수예절, 명함예절 등 기본 직장예절을 지키자
- Attitude의 중요성은 아무리 강조해도 지나치지 않는다!

20 실제 비서를 인터뷰하여

1) 입사초기 적응이 힘들었던 점이 무엇인지

2) 적응하기 위해 어떤 노력을 하였는지

2 업무태도

> 입사 후 자신의 업무를 빠르게 파악하고
> 정확하게 익히는 것이 중요하다.

조직은 유능한 사원을 뽑아 적재적소에 배치하여 업무를 잘 수행하게 만들려고 하기에 회사에 꼭 필요한 인재가 선발되었다는 인사를 들을 수 있게끔 업무에 임해야 한다.

★ 업무파악은 기본!

- 내가 맡은 업무는 무엇인지, 어떤 일을 해야 하는 지를 확실하게 이해하자.
- 이때 선임비서 및 나의 업무에 도움을 줄 수 있는 사람을 파악하자.
- 기존의 업무매뉴얼을 확인하고 갱신해둔다.
  - 예 나의 업무는 마케팅 담당 부사장님 비서이며 마케팅부서원을 지원하는 팀비서

★ 조직과 상사에 대해서 확실히 알자!

- 우리 회사의 모든 것(역사, 비전, 정책, 제품, 업계 순위 등)을 확실히 알자.
- 우리 상사의 모든 것(직책, 업무, 대/외 직책, 관련부서 등)을 확실히 알자.
- 조직에 대한 내용은 회사출간물이나 회사 책자를 통해 알아보자.
- 상사에 관한 내용은 상사신상카드를 만들어 놓고 사용하자.
  - 예 우리 부사장님은 마케팅 담당이시고, 대외적으로는 동창회장을 맡고 계신다.

★ 업무와 관련된 인사 확인!

- 비서의 업무를 수행할 때, 상사와 관련된 부서 및 사람들이 누구인가?
- 회의, 출장, 식당 예약 등에 도움을 줄 수 있는 사람들은 누구인가?
- 상사의 기사는 또 하나의 비서이므로 늘 협조관계를 유지한다.
  - 예 사장님 출장 예약할 때는 가나항공 이사님과 총무이사님을 통해 예약한다.

★ OA 및 사무기기 작동법 익히기!

- 업무에 필요한 사무기기 작동법 매뉴얼 숙지 및 작동법 익히기
- 복사기, 팩스, 컴퓨터, 키폰, 빔프로젝트, 회의실 기기 조작법 등
  - (예) 회의전에 반드시 빔프로젝트와 전자 칠판, 전자 탁자에 셋팅하는 것을 잊지 말자.

★ 나만의 업무매뉴얼 작성!

- 비서는 업무매뉴얼을 반드시 작성해야 한다.
- 종류) 회의매뉴얼, 출/퇴근업무매뉴얼, 출장, 문서관리, 주소록, 전화번호부 등
- 매뉴얼은 일종의 check list로도 사용되며, 비서의 휴가 및 결근 때 업무대리인이 사용할 수 있도록 한다.
  - (예) 내부회의 준비 시는 회의 매뉴얼 절차에 따라 준비를 하도록 한다.

★ 업무공간 정리 및 파일링!

- 내가 관리해야 할 업무공간을 알아두고 정리원칙을 정하자.
- 상사실, 비서실, 회의실, 탕비실, 대기실 등
- 파일링 원칙에 따라 문서를 정리하고, 문서대장, 파일링인덱스를 만든다.
  - (예) 가나물산과 프로젝트 문건은 '가나프로젝트'란 주제명으로 파일을 만든다.

★ 업무용어 익히기 문서양식 만들기!

- 회사에서 주로 쓰는 용어를 정리하는 노트를 만들고 익히자.
- 업무에 필요한 양식을 만들어 컴퓨터에 저장해놓고 필요할 때 꺼내 쓰자.
- 양식) 회의록, 주소록, 전화번호부, 문서대장, 팩스커버, 메모용지 등
  - (예) 주소록은 추후 전화번호부 및 우편 라벨링 기능을 함께 할 수 있도록 만들자.

업무파악

✓ 업무지침서/업무참고서

✓ 비서의 업무에 관련된 소책자

✓ 전임비서의 매뉴얼 → updating

✓ 종류
- 회의/출장/일정관리, 상사/조직관련, 전화번호
- 문서작성, 업무관리/원칙, 사무기기관리, 용어 등

✓ 용도
- 업무 효과적, 결근 시 상사업무에 영향을 주지 않게 시간외 근무 및 즐겁게 일한다.

Tip!

- 비서/사무직 업무를 잘하기 위해서는 업무매뉴얼 반드시 작성해야 한다.
- 주소록, 전화번호부, 문서양식 등의 DB구축

21 실제 비서를 인터뷰하여

1) 업무파악을 위해 어떤 노력을 기울였는지?

2) 업무매뉴얼은 어떻게 만들었는지?

3) 본인이 만든 서식(form)은 무엇이 있는 지 알아보자.

3 경력개발(career management) 및 평생교육 설계

> **입사 후 비서/사무직으로서의 경력개발을 위해 평생교육을 설계하자.**

회사에 입사한 후에도, 앞으로 자신의 경력개발에 관심을 갖고 목표를 세우며 지속적으로 자기계발을 하여야 한다.

★ 입사 후 나의 미래에 대해 생각해보자.

- 현재 직무를 통한 자기계발에 대해 고민해보아야 함
- 비서직으로 경력개발을 할 계획을 세우고, 어떤 노력을 해야할 지를 생각한다.
- 비서직경력으로 직무지식, 실무경험, 직무기술을 개발할 수 있는 방안을 연구한다.
  예 나의 미래는 전문비서직으로 지속적인 성장이다.

핵심역량(core competency, 核心力量)

✓ **역량**
- 어떤 일을 수행하기 위한 능력

✓ **핵심역량**
- 경쟁기업에 비해 훨씬 우월한 능력, 경쟁우위를 가져다 주는 능력, 기업이 보유한 세계적인 수준의 능력과 활동

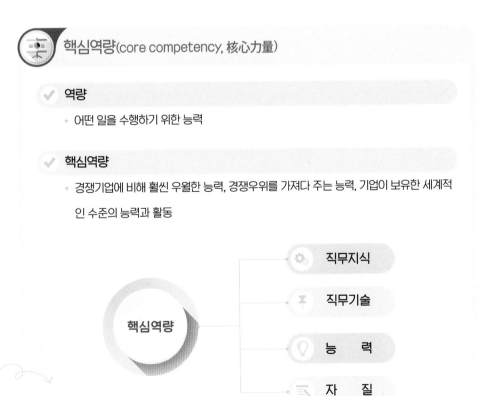

핵심역량 — 직무지식 / 직무기술 / 능력 / 자질

전문비서는 핵심역량이 있다!

직무능력 개발

✓ Career Management

- 직무능력 지속적 향상의 노력: 기초능력, 현장직무능력
- 비서의 직무능력: 커뮤니케이션, 정보, 인간관계
- 직무지식 knowledge, 태도 attitude/behavior, 기술 skill

★ 업무수행을 통한 자기계발

- 상사와 파트너십을 이룬다는 비서직의 장점을 최대한 살려 상사의 업무방식 및 리더십을 배우려고 노력한다.
- 최고경영층을 보좌하는 비서직 위치에서 회사의 운영 전반에 대한 기본 프로세스를 공부한다.
- 본인이 속한 조직의 업종에 관련한 공부를 한다. 이는 추후 동종업계의 다른 기업으로 이직할 수 있다.
  - 예 한국기업의 자동차회사 비서에서 외국회사의 자동차 기업으로 이직
- **프로젝트 및 기획에 대한 업무**를 통해 기획에 대한 공부를 할 수 있다.
- 우편물, 문서 등 비서업무, 업무일지를 통해 조직의 업종에 대한 공부를 더욱 세심히 할 수 있다.
- 특히 상사와 관련된 부서에 대한 깊은 이해가 필요하다.
  - 예 마케팅 전무 비서는 마케팅에 대한 지식이 더욱 요구된다.
- 금융회사인 경우는, 금융지식에 대한 전문지식이 필요하며, 승진 심사때 관련 자격증을 요구하기도 하기에 반드시 관련자격증을 취득해야 한다.

Career Development Issues

✔ **경력에 관한 전략**

(1) 자신의 **기회**를 **명시**하라.

(2) 자신의 **포부**와 **희망**을 **규명**하라.

(3) 자신의 **역량**과 **자원**을 **조사**하라.

(4) 자신의 **의무**를 **인식**하라.

(5) 개인적 **가치관**을 **인식**하라.

(6) 최종단계를 위한 시간 계획에 따라 **명확한 행동 계획**을 수립하라.

 ## 경력 선택 유의사항

(1) 유연성을 가져라.

(2) 의사소통 및 대인관계 기술을 개발하라.

(3) 글로벌한 사고를 가져라.

(4) 컴퓨터 지식을 습득하고 개발하라.

(5) 경쟁자 보다 우위를 지켜라.

(6) 지속적으로 학습하라.

✅ 비서직 진출 후

1. 전문비서직으로 지속적 성장
2. 사무직/라인으로 전환
3. 비서교육자로 성장
4. 관심분야로 전환 및 이직
5. 새로운 분야로 학업의 지속 등으로 설계할 수 있다.

★ 비서직으로서의 경력경로 개발

- 관련 자격증의 고난이도 취득 계획(비서, 어학, OA, 전산회계, 미국의 CPS 등)
- 학점은행제 및 통신대학을 대상으로 학위 취득
- 비서교육 및 관련된 분야의 정규 교육(대학, 대학원, 평생교육원)
- 한 분야에서 적어도 5~10년의 경력 유지
- 관련 협회에 가입
- 회사의 OJT(on the job training)

 비서의 자기계발 방안

✅ 직무를 통한 자기계발

- 비서직 장점: CEO 보좌(상사)
- 문서, 우편물, 회사 관련 지식
- 평생교육
- 대중매체: 신문, 방송, 인터넷
- OJT, Off-JT
- 학위과정 도전

Professional Growth Opportunities

✔ 전문직 조직 및 협회 참여

- 유사분야 사람들과 정보 공유 및 교육기회

- 회의참석, 발간물을 통해 성공한 사람들의 전략을 배움

- 기술과 전문직 자격증 획득을 위한 기회

- 멘토링 관계 형성, 대인 관계 유지

✔ 비서직 관련 전문직 단체(국내)

- 비서학회

- 한국비서사무협회

4 경력개발 설계 방법

> **목표달성을 위해**
> 1) **목표관리기법MBO**(Management by Objective)
> 2) **간트차트**(Gantt Chart)**를 이용하여 설계해보자.**

MBO(Management by Objective)방법을 이용한 평생교육 설계

★ **MBO**(Management by Objective)

- 목표관리기법은 유용한 **계획수립 및 실행방법이며 통제방법**
- 경영학에서는 상급자와 하급자가 목표를 함께 수립하고, 각자 업무수행 후 함께 통제활동을 하는 내용으로 목표달성에 유리한 방법

> **목표관리기법 MBO**(Management by Objective)
>
> **상급자와 하급자가 합의하는 내용**
> - 특정기간에 하급자가 달성해야 할 목표
> - 목표가 성취되어가는 과정에 대한 계획
> - 목표가 달성되었는 지를 평가할 때 판단할 성과표준
> - 성과를 평가하는 절차.

MBO 과정

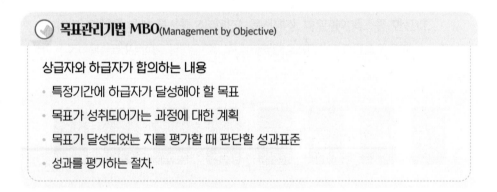

★ 목표설정 기준

- 구체적인 목표: 핵심사항 위주로 이해하기 쉽고 구체적인 목표
- 시간이 명시된 목표: 목표달성시기와 피드백 시기를 구체적으로 설정
- 도전 가능한 목표: 실현가능하며 도전 가능할 만한 목표
- 측정 가능한 목표: 가능한 숫자로 측정 가능한 목표를 설정
- 큰 목표아래 세부 목표: 큰 목표를 달성하기 위해 작은 목표도 함께 설정

★ MBO의 활용한 목표설정의 잇점

- 가장 중요한 목표가 무엇인지 알 수 있고 목표를 달성하기 위해 노력해야할 업무가 무엇인지 알 수 있다.
- 이 방법을 이용하면, 개인의 목표수립과 통제 달성이 보다 효과적으로 이루어질 수 있다.

 목표관리(MBO)

✓ Management by Objective

- Peter Drucker(1965); practice of management
- 목표설정단계 → 목표달성단계 → 목표평가단계
- 특징: 작업에 대한 구체적 목표설정, 구성원 계획설정에 참여, 실정평가위한 계획기간 명시, feedback필요

✓ MBO 목표설정원칙

- 명백한 원칙, 측정가능한 원칙, 개인목표와 조직목표의 연결
- 주기적 목표 검토, 달성의 시간 명확화, 결과는 계량적/타당정
- 탄력적 목표, 상황에 따른 변화 가능, 행동계획포함
- 자신의 5년, 10년후의 목표를 설정해보자.

❖ 간트차트(Gantt Chatt)방법을 이용한 평생교육 설계

★ 간트차트(Gantt Chatt)

- 간트차트는 간트(Henry Gantt)에 의해 창안한 프로젝트 및 시간계획 관리에 유용한 기법
- 실행 목표가 되는 작업을 계획하고 이 작업의 실제 이루어지는 시간을 일목요연하게 도표 상으로 나타낸다.
- 실제작업 진행 속도를 계획된 업무진행표와 비교하여 차이가 발생하게 되면 원인을 찾아볼 수 있는 것이 장점이다.

★ 간트차트의 작성법

- 목표가 되는 업무의 업무 또는 프로젝트명, 이를 수행하기 위한 순차적인 세부 업무명과 소요되는 예측시간을 목록으로 정한다.
- 세부업무를 날짜 순서대로 타임테이블로 할당하여 만든 것이 바로 간트차트이다.

 Gantt Chart

✓ Hanry L. Gantt

- 수평막대기가 프로젝트의 단계에서 시간의 관계를 보여줌
- 순차적인 활동의 흐름 및 이루어야 할 활동의 흐름을 보여줌
- 업무표 작성: 업무번호, 업무명, 예측시간, 선행할 업무

〈간트차트의 예〉

제목: 비서직 경력 개발 계획

순서	업무명	세부업무명	2024	2025	2026	2027	2028	2029	2030	2031	2032	2033	2034	2035
1	업무익히기	업무매뉴얼 작성/ 회사 및 산업에 대한 이해	■	■										
2	영어성적 향상 / 승진시험 준비	매년 꾸준히 도전하여 토익성적 800달성/ 승진 시험준비		■	■									
3	해외지사 파견준비/ 승진시험 도전	해외지사 파견절차 이해 및 준비/ 승진시험도전			■	■								
4	해외지사 파견 신청	해외지사(미국) 파견신청 관련서류 작성 및 업무협조받기				■								
5	파견근무	미국지사 업무 익히기/ 업무매뉴얼 작성/ 근무자료 작성					■	■	■					
6	귀국 후 대학원 준비	비서학관련 대학원 진학준비								■	■			
7	대학원진학 및 강의	대학원과정 이수 및 강의 알아보기										■	■	■

22 MBO기법이나 간트차트를 이용하여 비서로서의 미래를 설계해보자.

1) 1년 동안 달성할 목표를 하나 정해서 간트차트를 만들어보자.

2) MBO를 이용하여 비서로서 도달할 5년 후의 나의 미래를 설계해보자. 이때 직무지식, 직무기술, 경험 등 세부분야를 설정하여 작성해보자.

06

비서의 경력개발 사례

MISSION 비서로 진출하여 실제로 경력개발을 한
성공사례를 알아보고 자신의 미래를 설계해 보자.

*본 사례는 실제 비서경력 개발 사례이나, 본인의 요청에 따라 가명을 사용한 경우도 있습니다.

비서로 사회의 첫 발을 내딛은 후, 비서직으로 경력을 쌓다가
회사업무와 연관시키거나, 대학원으로 진학하여
경력개발을 한 실제 사례들이 매우 많다.*
중요한 것은 비서로 첫 발을 내딛으면서, 자신의 미래에 대한
설계의 청사진을 가져야 한다는 것을 잊지 말자!

1 비서직을 '발판으로 삼아 비서학 교육강사로 전환한 경위)

→ 이 경우는 졸업 후부터 지속적으로 비서직 경력을 쌓아 왔으며, 업무 수행을
하면서 대학교/대학원을 졸업한 사례이다. 사례의 주인공은 대학원 졸업 후 비서
관련 교육과 비서직 수행을 병행하고 있다.

 비서 경력개발 사례(1)

✓ **이수연**

- 학력　　○○대학교 비서학과졸업

　　　　　○○사이버대학교 졸업(편입)

　　　　　○○대학교 교육대학원(석사) 졸업

- 경력　　A회사(2년 10개월, 이사 비서)

　　　　　B회사(1년, 사장 비서)

　　　　　C회사(7년, 대표이사 비서)

　　　　　D회사 비서실무강사

2 비서직을 발판으로 삼아 인사담당자로 업무전환한 경우

→ 이 경우 역시 비서직을 수행하면서 인사업무를 꾸준히 익혀오면서 인사담당자로 업무 전환을 이룬 사례이다. 비서업무와 가까운 인사업무와 총무업무를 익히면서 사례의 주인공처럼 경력전환이 가능하며, 이 경우 비서의 꾸준한 노력이 필수적이다.

→ 비서직의 경우, 인사담당자로 진출하는 경우가 가장 대표적인 경력전환 사례가 될 수 있으며, 헤드헌팅 업체 등의 창업으로 이루어질 수도 있다.

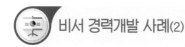 비서 경력개발 사례(2)

✓ 이서연

- 학력　　○○대학교 졸업
- 경력　　외국계 유통회사(2년, 대표이사 비서)

　　　　　A회사(4년, 대표이사 비서)

　　　　　외국계 금융회사(현재, 인사담당자)

✓ 김준희

- 학력　　○○대학교 졸업
- 경력　　P그룹 지주회사(7년, 대표이사 비서)

　　　　　P그룹 지주회사(현재, 채용담당자)

✓ 김혜영

- 학력　　○○대학교 졸업
- 경력　　J그룹(4년, 대표이사 비서)

　　　　　J그룹(1년, 마케팅담당자)

　　　　　J그룹(현재, 인사담당자)

3 비서직을 발판으로 삼아 CS교육자 및 창업을 한 경우

→ 아래의 경우는 비서직 경력을 본인의 적성에 따라 교육학을 전공하여 이미지메이킹 분야 및 CS강사로 전환한 사례이다. 이현주 사례의 경우는, 이미지컨설턴트이자 최근 수요가 많아지고 있는 기업의 CS강사로 활약하며 대학강의도 하고 있으며, 아예 창업을 하여 기업을 운영하는 대표이사로 활약 중이다.

 비서 경력개발 사례(3)

✓ **이현주**

- 학력　　○○대학 비서학과 졸업

　　　　　한국방송통신대학교 졸업(학사)

　　　　　○○대학교 교육학과 석/박사

- 경력　　A회사(2년, 대표이사 비서)

　　　　　현 대학/대학교 직장예절 및 이미지 메이킹 강사

　　　　　현 유명 방송인들의 이미지컨설턴트

✓ **송민영**

- 학력　　○○대학교 졸업

- 경력　　A그룹(6년, 대표이사 비서)

　　　　　A그룹 CS아카데미(현재, CS강사)

4 기타 다른 직종으로 전환한 경우

→ 비서직을 디딤돌로 삼아, 기타 다른 직종으로 전환한 사례도 무척 많다. 중요한 것은 비서직으로 나가기 위한 훈련과 실무경력이 사회에 나아가 어떤 일을 하더라도 꼼꼼하고 세심한 능력으로 경쟁우위가 될 수 있다는 사실이다.

→ 따라서 비서직으로 진출하여 미래의 자신의 경력계발을 위한 계획을 세우는 것은 인생을 살아갈 때 매우 중요한 일임을 알 수 있다. 비서직으로 한 걸음 내딛는 것, 이것은 인생의 성공의 첫 걸음임을 잊지 말자!

23 나의 미래의 롤 모델은 누구인가?

1) 첫 직장을 비서로 진출한 후 경력개발을 한 사례를 찾아보고,

2)"경력개발을 한 나의 미래상'을 써보자.

비서직 진출준비와 면접실무

저자 소개 | 정 성 휘

- 인하공업전문대학 비서학과 교수
- 전) 한국비서학회 회장
  전) 사단법인 한국비서협회 부회장

비서직 진출준비와 면접실무

초판 1쇄 발행   2013년 3월 5일
2판 1쇄 발행   2022년 1월 10일

저 자   정 성 휘
펴낸이   임 순 재
펴낸곳   (주)한올출판사
등 록   제11-403호
주 소   서울시 마포구 모래내로 83(성산동 한올빌딩 3층)
전 화   (02) 376-4298(대표)
팩 스   (02) 302-8073
홈페이지   www.hanol.co.kr
e-메일   hanol@hanol.co.kr
ISBN   979-11-6647-167-4

비서직 진출준비와 면접실무